F. SANLAVILLE

Socialisme

et

Propriété

> « ... Il n'y a rien de plus fastidieux,
> « rien de plus difficile que de vouloir
> « démontrer l'évidence. Elle se montre,
> « et on ne la démontre pas. »
>
> A. Thiers.
> *De la propriété. Avant-propos.*

PARIS

LIBRAIRIE FÉLIX ALCAN

108, BOULEVARD SAINT-GERMAIN, VIe

LIBRAIRIE FÉLIX ALCAN

Extrait du Catalogue :

BOUGLÉ (C.). — **Chez les prophètes socialistes.** 1 volume in-16... 3 fr. 50

GUYOT (Ed.). — **Le socialisme et l'évolution de l'Angleterre contemporaine (1880-1911).** 1 vol. in-8...... 7 fr.

JOSEPH-BARTHÉLEMY, député, professeur à la Faculté de Droit. — **Démocratie et politique étrangère.** 1 vol. in-8. 10 fr.

— **Le problème de la compétence dans la démocratie.** 1 vol. in-8..................................... 6 fr.

L'Éducation de la démocratie, par E. LAVISSE, A. CROISET, Ch. SEIGNOBOS, P. MALAPERT, G. LANSON, J. HADAMARD. 1 vol. in-8.. 6 f.

LANESSAN (J.-L. de), ancien ministre. — **La lutte pour l'existence et l'évolution des Sociétés.** 1 vol. in-8... 6 fr.

MÉTIN (Albert), député. — **Le Socialisme sans doctrine.** *La question ouvrière et la question agraire en Australie et en Nouvelle-Zélande.* 1 vol. in-8..................... 6 fr.

STRAUSS (Paul), sénateur. — **L'Assistance Sociale.** 1 volume in-8... 6 fr.

PAUL LOUIS — **L'ouvrier devant l'État.** 1 vol. in-8... 7 fr.

— **Les lois ouvrières dans les deux mondes.** 1 volume in-32.. 0 fr. 60

— **Histoire du mouvement syndical en France (1789-1910).** 2e édition, 1 vol. in-16.................. 3 fr. 50

— **Le syndicalisme contre l'État.** 1 vol. in-16... 3 fr. 50

— **Le travail dans le monde romain.** 1 vol. in-8 avec 41 gravures... 5 fr.

PIC (Paul), professeur à la faculté de Droit de Lyon. — **Les Assurances Sociales en France et à l'Étranger.** 1 volume in-8... 6 fr.

PAYEN (Edouard). — **La réglementation du travail réalisée ou projetée.** 1 vol. in-16....................... 3 fr. 50

VANDERVELDE (C.). — **L'exode rural et le retour aux champs.** 1 vol. in-8, 2e édition...................... 6 fr.

— **Essais Socialistes.** *La Religion, l'art, l'alcool.* 1 volume in-8... 6 fr.

IMPRIMERIE GÉNÉRALE DE CHATILLON-SUR-SEINE. — ZUVRARD-PICHAT.

Socialisme et Propriété

OUVRAGES DU MÊME AUTEUR

DE BOCCARD (FONTEMOING), éditeur.

Molière et le Droit, (1913). Un vol. in-16.

BERGER-LEVRAULT, éditeur.

Du rôle des Ministres comme administrateurs et comme chefs hiérarchiques. Un vol. gr. in-8°.

De la responsabilité de l'État en matière de postes et télégraphes. Un vol. gr. in-8°.

De l'occupation définitive sans expropriation. Un vol. gr. in-8°.

De la police des étangs. Un vol. gr. in-8°.

Des contrats passés en la forme administrative. Un vol. gr. in-8°.

Le phylloxéra en droit administratif et en droit civil. Un vol. gr. in-8°.

De la représentation juridique des intérêts communaux. Un vol. gr. in-8°.

Des voies privées. Un vol. gr. in-8°.

Des dommages résultant de travaux publics. Un vol. gr. in-8°.

PICHON, éditeur.

Des actions en reprise. Un vol. in-16.

F. SANLAVILLE

Socialisme

et

Propriété

> « ... Il n'y a rien de plus fastidieux,
> « rien de plus difficile que de vouloir
> « démontrer l'évidence. Elle se montre,
> « et on ne la démontre pas. »
>
> A. THIERS.
> *De la propriété. Avant-propos.*

PARIS
LIBRAIRIE FÉLIX ALCAN
108, BOULEVARD SAINT-GERMAIN, VIe

1920

SOCIALISME ET PROPRIÉTÉ

« Tout socialisme ou communisme
« naît inévitablement tout entier, par
« le seul fait de la négation de la pro-
« priété. »

A. THIERS. *De la propriété.*

INTRODUCTION

De toutes les théories sociales qui préoccupent le monde à l'heure actuelle, aucune ne s'empare des esprits avec autant d'intensité que la théorie socialiste ou communiste, ou pour lui donner le nom à la mode : le collectivisme qui se qualifie de socialisme scientifique.

Mais si beaucoup parlent du Socialisme, bien peu le connaissent. Cela provient en partie des formes multiples qu'il revêt, et surtout de l'incertitude et de l'obscurité dont l'enveloppent, souvent d'une manière préméditée, ses principaux adeptes. Ils redoutent que l'on ne sonde les reins au fantôme de leurs rêves. C'est ainsi que J. Jaurès ne craignait pas d'écrire dans sa Préface de *la Société collectiviste* de H. Brissac : « La Révolution « trouverait dans sa victoire même son équi- « libre et son organisation... Je ne suis pas, « écrivait Marx dans *Le Capital*, de ceux qui « préparent des recettes pour la marmite de « l'avenir... » Jaurès ajoute enfin : « A vrai « dire, nous avons parfaitement le droit d'ê- « tre très sobres d'explications et d'hypothè- « ses avec les adversaires systématiques du « Socialisme. Il y a quelque duperie à pren- « dre au sérieux la curiosité de la classe « capitaliste... » (1)

Dans tout cela, il y a évidemment beaucoup de mots, et même de mots grossiers et très peu d'idées, si ce n'est l'idée arrêtée de

---

(1) H. Brissac, *La Société collectiviste*, préface, p. III et IV. — J. Jaurès au même endroit reproduit des termes si grossiers que nous croyons ne pouvoir les insérer qu'en note : « Il y a des hommes, écrivait Blanqui avec colère, « qui veulent savoir par qui, dans la société nouvelle « seraient vidés les vases de nuit... Il avait évidemment « le dégoût des constructions utopiques. » Nous avons assez de respect de nos lecteurs pour leur demander d'excuser une pareille citation.

parler pour ne rien dire. C'est ainsi qu'on s'évertue à couvrir d'épais nuages cette Cité de l'avenir prophétisée par les maîtres du Socialisme ; alors que le public tout entier, (et non pas seulement les capitalistes), veut savoir où on le mène et ne veut pas faire en aveugle un saut formidable dans l'inconnu, comme le serait le renversement de l'ordre des choses actuelles, auquel on entend substituer un régime que l'on ne veut pas ou plutôt qu'on ne peut pas définir exactement. Et puis une doctrine qui se prétend scientifique ne devrait pas redouter l'examen.

On voit au cours des siècles que le public, surtout en France, a été dominé principalement par les idées, et que les révolutions se sont faites d'abord pour le triomphe d'une idée, sans que cependant le but purement matériel de la satisfaction des passions et du bien-être ait été étranger aux mouvements populaires.

Le Docteur Le Bon définit très exactement la psychologie du Socialisme lorsqu'il dit : « Cette doctrine représente en réalité une des formes de la lutte éternelle du pauvre contre le riche, de l'incapable contre le capable et à ce titre il remonte aux origines de l'histoire.....

« Rien de plus nuageux que le sens actuel du mot Socialisme. Pour les gens satisfaits de leur sort, il exprime un désir d'améliorer les conditions d'existence de classes populaires redoutées. Pour les mécontents, il traduit simplement leur mécontentement..... Pour les théoriciens, ce mot représente une organisation sociale, variable suivant chacun d'eux et qui doit être substituée par la force à l'organisation actuelle. Le primordial caractère du socialisme est une haine intense de toutes les supériorités..... Longtemps l'absurdité de la doctrine ne nuisit nullement à sa propagation... Prendre à ceux qui possèdent est toujours tentant pour qui ne possède rien. » (1)

C'est bien en effet pour ces divers motifs, parfois tous réunis, que les théoriciens du Socialisme veulent renverser l'ordre établi pour édifier sur ses ruines cette Cité future, vague objet de leurs rêves. Peu importe les échecs multiples éprouvés par l'idée socia-

---

(1) Docteur Le Bon, *La Psychologie politique*, p. 191. (E. Flammarion, éd. 1919.) L'ouvrage du docteur Le Bon sur *La Psychologie du Socialisme* (Alcan, éd.) est à lire en entier si l'on veut connaître la mentalité socialiste.

liste au cours des siècles, ces prophètes créent sans cesse de nouveaux systèmes, systèmes scientifiques disent-ils, de plus en plus scientifiques, bien supérieurs à tous les précédents.

Ainsi à la poursuite de mirages décevants qui fuient sans cesse devant eux, ces idéologues ne craignent pas de préparer les pires catastrophes et de jeter l'humanité dans un gouffre de misères, dans une ère de révolutions sanglantes. Ne préconisent-ils pas en effet comme moyen normal préféré, la lutte des classes, c'est-à-dire la violence et la lutte des prolétaires contre ceux qui possèdent (1). La conséquence fatale de ces théories est la guerre civile, guerre fratricide qui arme les uns contre les autres les enfants d'une même famille, les enfants d'une même patrie. Ces horreurs ne peuvent ouvrir les yeux de ces incorrigibles illuminés ni leur révéler les très graves dangers de leurs conceptions. Cette lutte des classes est actuellement à son apogée en Russie. L'anarchie dans laquelle se

---

(1) G. Sorel dans son livre, *Réflexions sur la violence.* (Marcel Rivière, éd.) a écrit une véritable apologie de la violence et de la guerre civile.

débattent sous l'inspiration allemande, les socialistes de toutes marques, forme sans doute le tableau le plus enchanteur de cette *Cité de l'avenir* prédite aux foules.

Ainsi nous voyons Mr Tcherkof, l'ancien secrétaire de cet illustre rêveur qu'était le comte Tolstoï, nullement découragé (bien au contraire dit-il) par le spectacle des meurtres, des jacqueries, des pires excès, conserver ses illusions sur l'âme simple et bonne du moujik. « Si j'avais pu choisir, dit-il, l'époque à laquelle j'aurais voulu vivre, j'aurais certainement désigné celle que nous traversons. » Comme il le reconnaît en fin de compte, c'est la propagande socialiste révolutionnaire qui, soufflant la haine des classes, a excité le peuple des campagnes. (1)

---

(1) L'*Illustration* du 17 août 1918. De son opinion paradoxale, M. Tcherkoff donne des explications non moins paradoxales que l'on peut résumer ainsi : ce n'est pas l'armée qui fait la guerre civile, car les soldats sont retournés chez eux, ils ont refusé de se battre, parce qu'ils sont fatigués de tuer, ils ont remporté ainsi une victoire morale sur toutes les nations, sur les Allemands, comme sur les Français, les Anglais, etc. Les auteurs des pillages, des massacres, des excès sont les ouvriers qu'on a improvisés soldats, et qui n'étant plus comprimés par le Gouvernement se sont laissé aller à leurs mauvais pen-

Le collectivisme, de même que tous les systèmes socialistes antérieurs, repose sur un ensemble de formules que l'on appelle scientifiques pour leur donner apparence de sérieux. Comme on l'a fort bien remarqué, les foules ne sont pas séduites par les raisonnements, elles le sont par les idées toutes faites, ou plutôt par la magie des mots; de là, le succès populaire de l'idée socialiste. Ce n'est pas la logique et le bon sens qui appuient cette idée, bien au contraire c'est son côté chimérique qui lui donne sa popularité, semblable à celle des romans de cinéma.

Le collectivisme ne diffère pas en réalité ni surtout dans ses conséquences pratiques, des utopies socialistes antérieures, et ne fait souvent que jouer sur les mots. Pour n'en donner qu'un exemple (sur lequel nous aurons d'ailleurs à revenir): on connait le fameux aphorisme de Proudhon : *la propriété c'est le vol.* Les modernes socialistes, les col-

---

chants. Et puis trois ans de guerre ont rendu les hommes brutaux et féroces. C'est une génération dont la guerre a tué le sens moral. — Explications peu logiques, en vérité, si les excès ont été commis par des ouvriers, n'ayant pas fait la guerre, voir par des moujiks à l'âme simple et bonne!

lectivistes rejettent cet aphorisme comme trop brutal, et comme mettant « le bourgeois « le plus honnête au même rang que les « hommes qui vont munis d'une lanterne « sourde et d'une fausse clef, voler le bien « d'autrui. » (1) Les collectivistes enveloppent la formule de circonlocutions, mais ils disent avec Lasalle et Karl Marx que *la propriété est le bien d'autrui*, provenant d'une main-mise ancienne. Ainsi au lieu de dire la propriété provient d'un vol actuel, ils disent la propriété est objectivement le produit d'un vol ancien ; ou bien encore comme Schæffle ils disent : *subjectivement* le bourgeois honorable est parfaitement innocent ; mais *objectivement* l'accroissement du capital privé est bien une *spoliation du travailleur, une escroquerie, une rapine, une exploitation*. (2) Ainsi l'idée reste la même, le mot seul est changé et c'est un spécimen du caractère scientifique du système.

Bien que le raisonnement touche peu les

---

(1) Schæffle, *La quintessence du socialisme*, trad. Benoît Malon, p. 25, 26. (Société nouvelle de librairie et d'édition. Paris, 1919.)

(2) Schæffle, *id. ibid.*, p. 27, 28.

foules, habituées surtout à obéir à l'impulsion du moment, bien que le raisonnement soit aussi sans effet vis à vis des hommes politiques, mus seulement par leurs intérêts de parti, cependant nous croyons qu'une fraction importante du public ignore ce qu'est le socialisme. Nombreux en effet sont ceux qui n'en connaissent que le nom, mais ignorent ses principes, ses conséquences fatales, ses redoutables dangers : d'autres ont sur tous ces points des conceptions fausses ou chimériques, et croient par exemple que le socialisme est seul capable de venir en aide aux déshérités de la fortune, ou encore que les excès du socialisme sont seuls à condamner. Cette partie importante du public mal éclairé ne demande pas mieux que d'être instruite. Ces hommes sans parti pris, nombreux en France, peuvent être touchés par des arguments sérieux, ou de simple bon sens. C'est à ce public de bonne foi que nous nous adressons. Abstraction faite de toutes considérations politiques, nous voulons examiner l'idée socialiste en doctrine pure, comme nous le ferions pour toute doctrine philosophique ou juridique.

Comme tous les systèmes socialistes ont pour caractéristique avouée ou dissimulée : l'abolition de la propriété privée, individuelle, spécialement de la propriété de la terre ou propriété foncière et son remplacement par la propriété collective, et que tout le reste en dépend, c'est au point de vue spécial de la propriété privée que nous nous plaçons dans cette étude. Tout socialisme, ou communisme nait inévitablement, tout entier, par le seul fait de la négation de la propriété. (1) Le collectivisme malgré ses subtilités et ses sophismes arrive aussi à cette négation.

En réalité, le socialisme quelle que soit son épithète, le collectivisme notamment, est surtout une opinion politique, c'est actuellement l'échelle par laquelle on se hisse au pouvoir. Aussi voyons-nous certains de ses adeptes les plus habiles, une fois arrivés, se dépouiller en totalité on en partie de leurs conceptions socialistes ; mais d'autres les conservent et inoculent trop souvent dans notre organisme politique et social le virus

---

(1) A. Thiers, *de la propriété*, p. 132. (Paulin, Lheureux et Cie, éd. Paris, 1848). Edition populaire.

socialiste, d'où le très grand danger de ces opinions.

Au point de vue scientifique, la doctrine socialiste n'existe que par la magie des mots et grâce à des rêveries bâties sur des hypothèses, elle ne peut être qualifiée de vraiment scientifique.

La science du droit, du juste et de l'injuste se fonde, elle, sur la puissance des raisonnements, corroborés par les faits. C'est à cette science que nous aurons recours, et c'est par elle que nous voulons établir qu'en droit pur et en raison, la suppression de la propriété privée, et même les abusives restrictions que l'on veut lui imposer, ne se basent ni sur la logique, ni sur l'idée de justice et d'équité naturelle, mais que bien au contraire, le droit de propriété privée, dont les effets sociaux sont incontestablement bienfaisants, prend sa source dans la loi naturelle, cette loi d'équité qui régit l'humanité toute entière. Ainsi que le dit Cicéron (*de legibus*, lib. XV et XVI), il y a une loi unique, obligatoire, qui s'impose à tous : c'est *la droite raison*.

Bien que le socialisme, véritable Protée, revête presque autant de formes qu'il compte d'adeptes, nous tâcherons cependant d'indiquer ses principaux caractères, surtout à l'époque actuelle. Nous verrons que la propriété privée est toujours la grande ennemie que l'on attaque soit ouvertement, soit par mille voies détournées. Nous serons ainsi amenés à étudier et à réfuter les arguments que l'on oppose au droit de propriété foncière. Nous établirons ensuite les puissantes raisons qui ont toujours justifié, et qui toujours justifient le droit de propriété appliqué à la terre, raisons qui établissent sa légitimité manifeste, son caractère de droit naturel, son incontestable utilité sociale. Enfin la thèse socialiste est la négation de toute fraternité, de toute égalité, de toute liberté. Le droit de propriété, largement compris, est seul capable de donner à chacun la mesure de son droit et de faire triompher la liberté, la paix sociale et la civilisation.

LIVRE PREMIER

Le Socialisme

A toutes les époques, ont paru des prophètes annonçant à l'humanité un idéal de bonheur contenu dans quelques aphorismes, toujours les mêmes : tout est à tous, la propriété de la terre sera commune au genre humain tout entier, il n'y aura plus ni pauvres ni riches, ni prolétaires ni capitalistes, la paix et l'égalité règneront sur le monde : ainsi naîtra l'Age d'or chanté par les poètes, tel sera le règne du socialisme ou communisme.

CHAPITRE PREMIER

APERÇU HISTORIQUE

Le premier de tous, Platon a conçu le type d'une cité chimérique : « L'Etat le plus parfait est celui dans lequel on pratique à la lettre l'antique adage que tout est réellement commun entre amis ; que les femmes soient communes, les enfants communs, les biens de toute espèce communs, et *qu'on apporte tous les soins imaginables pour retrancher du commerce de la vie jusqu'au nom même de propriété... (1)* »

---

(1) Traduction donnée par M. d'Eichthal, dans le *Nouveau Dictionnaire d'Economie politique*, v° Socialisme.

Platon ajoute, pour préciser à quel point il veut abolir toute personnalité humaine : de sorte que les choses que la nature a données en propre à chacun (les yeux, les oreilles, les mains) deviendront en quelque sorte communs à tous...

Il faut remarquer que les préceptes de Platon n'ont jamais été mis en pratique en Grèce, et sont toujours restés dans le domaine de l'utopie *platonique*.

Bien que cherchant l'intérêt supérieur de l'Etat plus que l'intérêt de l'individu, Platon a édicté la formule-type, la loi fondamentale gravée au frontispice de tout édifice socialiste, de quelque nom qu'on le décore ; formule d'une implacable logique dont on ne peut rien retrancher sans que tout l'édifice s'écroule fatalement, loi qui s'impose en fait au collectivisme comme à toutes autres doctrines socialistes ou pseudo-socialistes. Ainsi l'abolition du droit de propriété privée est le primordial article de cette loi de Platon, comme de tous les systèmes socialistes ; sans cette abolition de la propriété, le socialisme ne peut exister.

Par suite, c'est le principe du droit de propriété que nous entendons défendre doctrinalement dans cette étude, toutes les autres questions ne sont que les accessoires de ce principe essentiel. Mais auparavant, il est nécessaire de connaître les règles générales sur lesquelle s'appuie l'idée socialiste à travers les âges et de nos jours.

Le socialisme ou communisme intégral, tel qu'il a été imaginé au cours des siècles, consiste dans la mise en commun de tous les biens, des meubles comme des immeubles, en un mot de tout ce qui existe, par suite l'abolition de la propriété privée.

A diverses époques et à des degrés divers, les principaux théoriciens du socialisme que l'on cite généralement furent au xive siècle : le chancelier d'Angleterre Thomas Morus, dans son ouvrage sur *l'Utopie*; puis Campanella, Morelly (1). Mais peu d'essais furent tentés pour mettre ces théories en pratique.

On cite cependant comme étant la plus importante organisation communiste, les Missions des Pères Jésuites chez les Indiens du Paraguay. Voici ce qu'en dit Montesquieu : « Elle (la Société de Jésus) a retiré des bois « des peuples dispersés ; elle leur a donné une « subsistance assurée, elle les a vêtus : et « quand elle n'aurait fait par là qu'augmen- « ter l'industrie parmi les hommes, elle aurait

---

(1) Voir sur l'historique du socialisme : Yves Guyot, *Sophismes socialistes et faits économiques*, page 1 à 81. (Alcan, éd.) Nous ne parlerons pas des œuvres purement littéraires qui préconisent des réformes sociales à tendances plus ou moins socialistes, tel le *Télémaque* de Fénelon.

« beaucoup fait. Ceux qui veulent faire des
« institutions pareilles, établiront la com-
« munauté de biens de la République de Pla-
« ton, ce respect qu'il demandait pour les
« dieux, cette séparation d'avec les étrangers,
« pour la conservation des mœurs, et la Cité
« faisant le commerce et non pas les citoyens :
« ils donneront nos arts sans notre luxe, et
« nos besoins sans nos désirs. Ils proscriront
« l'argent dont l'effet est de grossir les for-
« tunes... » (1)

Chateaubriand fait une description dithy-
rambique de cette République du Paraguay (2),
qui s'étendait sur un territoire cinq ou six
fois grand comme la France, sur de nombreux
habitants, qui dura environ 150 ans, et ne prit
fin que lors de l'expulsion de l'Ordre des Jésuites effectuée par le Gouvernement espagnol
en 1767.

Les succès des Missions du Paraguay furent

------

(1) *L'Esprit des Lois*, livre IV, ch. vi. Il semble que même
actuellement les Indiens du Paraguay ont conservé un
peu de ces institutions (voir dans *le Tour du Monde*, 1887,
tome II, pages 177 et 191, article de M. Emile Daireaux.)
(2) *Génie du Christianisme*, livre IV, chap. iv et v.

vivement contestés par les Philosophes hostiles aux Jésuites. (1)

Quoi qu'il en soit, on doit faire remarquer qu'on ne peut en tirer de conclusions favorables au socialisme, parce que, d'une part : la mise en commun des biens ne paraît pas y avoir été complète, mais s'être bornée à la portion du territoire dont les revenus étaient affectés aux veuves, aux orphelins, aux malades, (Possession de Dieu) la propriété de la terre étant autorisée; (2) et parce que d'autre part : le succès relatif de l'entreprise est dû au régime autoritaire et théocratique appliqué à des peuplades indiennes, que tout le monde s'accorde à reconnaître avoir été véritable *peuple enfant*.

Il ne s'agissait donc pas du communisme, tel que l'entendiront des réformateurs plus

----

(1) Cependant Montesquieu dans le passage précité, et Buffon dans son *Histoire naturelle de l'homme*, tome III, Mammifères, page 312. (Société des publications illustrées, Paris, 1839) reconnaissent les heureux résultats obtenus sur les Indiens du Paraguay.

(2) Henry Joly, *Le Socialisme chrétien*, page 177 (Hachette, éditeur 1892.)

récents dont les insuccès sont notoires, comme
nos modernes socialistes qui se qualifient scientifiques.

Lors de la Révolution française, la conception de Babeuf et sa conspiration des Egaux
ne furent jamais qu'une tentative supprimée
d'ailleurs selon la mode du temps, par le cou-
teau de la guillotine.

C'est surtout à des époques plus récentes
que l'on constate l'efflorescence de toutes les
utopies socialistes et humanitaristes, inspi-
rées par les théories romantiques de Jean-
Jacques-Rousseau avec son axiome préféré :
L'homme est né bon, la société l'a perverti.

Quelques essais sans lendemain, d'organi-
sations communistes furent tentés tant en
Angleterre qu'aux Etats-Unis, par Robert
Owen.

En France principalement, les idées socialistes et communistes et leurs tentatives de
mise en pratique (toutes frappées d'insuccès),
se manifestèrent aux environs de 1848, dans
les œuvres et les essais de Fourier avec ses
Phalanstères, de Cabet avec ses Icaries, de
Pecqueur premier inspirateur du Collecti-

visme, et surtout de Saint-Simon, et d'Enfantin, véritables pères du socialisme français, et enfin de Louis Blanc avec son Organisation du travail.

Quant à Proudhon malgré son fameux aphorisme : « *la propriété c'est le vol* » il est difficile de le classer parmi les pères du Socialisme, car ses œuvres renferment des appréciations très contradictoires (1).

------

(1) « *La propriété c'est le vol.* Il ne se dit pas, en mille ans, deux mots comme celui-là. Je n'ai d'autre bien sur la terre que cette définition de la propriété ; mais je la tiens plus précieuse que les millions des Rothschild, et j'ai dit qu'elle sera l'événement le plus considérable du règne de Louis-Philippe. » P. J. Proudhon, *Système des contradictions économiques*, (nouv. éd. Marpon et Flammarion, éd., t. II, page 257.) Proudhon se vante lorsqu'il se prétend l'inventeur de cette phrase fameuse, bien d'autres avant lui ont employé la même formule. Mais ce qui paraît étrange, c'est que le même auteur, tout en disant que la propriété est le vol, reconnaît que la propriété est une institution de justice. (Tome II, page 183). Peut-être a-t-il voulu, sous une forme hyperbolique dire que la propriété a des avantages et des inconvénients. L'esprit humain procède, dit-on, d'une idée positive à une idée négative, c'est la thèse et l'antithèse ; chacune a une part de vérité et une part d'inexactitude. La vérité est dans une troisième idée qui est la synthèse, et le mode de raisonnement préféré par l'auteur est l'antinomie (tome II, page 173.)

D'ailleurs Proudhon dans sa théorie de la propriété (1866)
reconnaît la légitimité de ce droit, mais en condamne
seulement les abus. On a même pu dire que Proudhon
bien loin d'approuver le socialisme, a montré l'inanité
de cette doctrine, *Dictionnaire de l'Economie politique*, Co-
quelin et Guillaumin, 1873, page 635 v° *Socialisme*, art. de
L. Raybaud. Voir Proudhon, *Système des contradictions économiques*, tome II, page 201.

CHAPITRE II

LE NOUVEAU SOCIALISME. LE COLLECTIVISME

Nous n'avons fait qu'énumérer les diverses conceptions socialistes à travers les siècles, parce que à l'heure présente, on les considère comme surannées, et qu'on les rejette avec dédain, mais en réalité, elles diffèrent peu des doctrines actuelles. On prétend que grâce aux progrès de l'esprit humain, le socialisme prend un caractère scientifique et peut réaliser une transformation qui n'avait pu être obtenue jusqu'alors.

La plus importante de ces doctrines socialistes, la seule scientifique, au dire de ses adeptes, est le collectivisme.

Son origine et sa formation sont essentiellement allemandes, avec ses protagonistes allemands : Lassalle, Karl Marx, Engels et leurs successeurs. Malgré la différence de

mentalité des Français et des Allemands (1),
les coryphées du socialisme en France ne sont
que les disciples et les caudataires de Karl
Marx et de ses adeptes d'Outre-Rhin, sauf certaines divergences sur les moyens, mais non
sur le but. C'est ainsi que l'admiration de
J. Jaurès pour ces Allemands n'est pas douteuse : pour lui, « Marx, Bebel, Liebknecht,
« qui font les ignorants, ne le sont pas autant
« qu'ils le veulent paraître. Ils pressentent très
« bien ce que sera dans les grands traits, le
« régime communaliste ou collectiviste. » (2)

Avant d'aborder la défense de la propriété,
il est donc nécessaire de connaître d'une manière générale ce qu'est le collectivisme (3).

On connait le fameux Manifeste de Karl
Marx et d'Engels (4) adressé au monde au cri
de : « Prolétaires de tous les pays, unissez-

---

(1) D^r Le Bon, *Psychologie du socialisme,* p. 113 et suiv.

(2) Préface de J. Jaurès, *La société collectiviste* de H. Brissac. (Imp. *Petite République,* 3e éd.)

(3) L'étude la plus complète de cette forme du socialisme
a été faite par Paul Loroy-Beaulieu, *Le collectivisme, examen critique du nouveau socialisme.* (Alcan, éd. 1909.)

(4) Traduction de Laura Lafargue (fille de Marx), Giard
et Brière, éd. 1901.

vous! » et la non moins fameuse : « Société internationale des travailleurs » qui réalisa son apogée dans la Commune de Paris, en 1871.

Dans son Manifeste, Karl Marx affirme la supériorité de son système socialiste, il traite avec un souverain mépris le communisme ou socialisme soi-disant bourgeois des apôtres Français de 1848 (tels que Fourier, Saint-Simon, etc.) Pour Karl Marx, il n'y a qu'un seul socialisme, c'est le socialisme allemand, il le proclame socialisme scientifique fondé, d'après lui, sur l'observation des faits (ou plutôt sur une conception matérialiste de l'histoire). Tout le Manifeste, confirmé ou rectifié par les écrits et déclarations socialistes ultérieurs serait à citer. Il nous suffira d'en indiquer quelques traits principaux, adoptés en général, qu'on le remarque bien, par les socialistes ou collectivistes Français et Allemands, comme nous le montrerons par la suite. Nous prenons ces extraits du Manifeste de Karl Marx dans la traduction faite par Laura Lafargue (1) : — Expropriation de la propriété

____

(1) P. 44. (Giard et Brière, éd.)

foncière et confiscation au profit de l'Etat. — Impôt fortement progressif. — Abolition de l'héritage. — Centralisation dans la main de l'Etat de tous les moyens de transport. — Travail obligatoire pour tous. — Education publique et gratuite de tous les enfants et éducation sociale.

Comme conclusion logique de ces prémisses : — Abolition de la famille et union libre (1). — Abolition des nationalités et de l'idée de patrie (2). — A cela il faut ajouter la théorie de Marx sur l'abolition du capital, et sur les salaires (3).

Sauf certaines modifications et additions dans l'exécution, mais non dans le but, ces grandes lignes du programme de Karl Marx sont adoptées dans leur ensemble par les modernes socialistes (4). Les Allemands sont toujours à la tête du mouvement : nous citerons

----

(1) Pages 39 et 49.

(2) Page 40.

(3) Karl Marx, *Le capital*, extraits par Paul Lafargue. (Guillaumin, éd.)

(4) Paul Leroy-Beaulieu, *Le collectivisme*, conclusion, page 667.

en premier lieu : Schæffle qui dans sa Quintessence du Socialisme (1) a donné l'aperçu le plus exact du collectivisme ; nous tâcherons d'en résumer le système. On peut citer encore Karl Kautsky, continuateur zélé de Marx (2), et Bernstein, réformateur critique du Marxisme. Tous ces doctrinaires allemands contribuent au triomphe de l'*Idée*, comme disent les socialistes : mais nous devons dire au triomphe de l'idée allemande qui plane sur toutes ces théories. On sait combien Karl Marx avait acclamé le triomphe de l'Allemagne sur la France en 1871, et combien il exaltait la doctrine et l'organisation allemandes comme bien supérieures à l'organisation française.

Dans sa société internationale des travailleurs, l'idée de Karl Marx perce ouvertement : c'est d'assurer la domination des Allemands ; de sorte que lorsqu'il s'écriait dans son Manifesto : « Prolétaires de tous les pays, unissez-

---

(1) *La Quintessence du socialisme*, traduction de Benoît Malon. (Société nouvelle de librairie et d'édition.)

(2) *La politique agraire du parti socialiste*, traduction Camille Polack. (Giard et Brière, éd. 1903.)

vous ! » — il voulait dire en réalité : Panger-manisez-vous (1).

Quoi qu'il en soit, le programme de Karl Marx est en quelque sorte l'évangile de tout socialiste. A quelques exceptions près, les socialistes en France ne font qu'emboîter le pas derrière tous ces Allemands.

Qu'on lise J. Guesde par exemple dans son Catéchisme socialiste, ou dans Collectivisme et Révolution (2) : il proclame entre autres choses : l'expropriation sans indemnité, même la reprise violente de la propriété privée, ou plutôt sa socialisation. Il applique à la lettre cet apophtegme de Platon qui supprime jusqu'au nom même de propriété, car pour J. Guesde ce n'est même pas une propriété collective que le genre humain aurait sur le sol, mais une simple jouissance limitée et conditionnelle (3). J. Jaurès professe un système plus dissimulé, mais arrivant aussi à la sup-

_____

(1) Conf. Gabriel Hanotaux, *Le traité du 28 juin 1919*, *Revue des Deux-Mondes*, du 1ᵉʳ août 1919, page 532.

(2) *Essai de catéchisme socialiste*. (Librairie socialiste Kistmackers, Bruxelles 1878.) *Collectivisme et Révolution*. (Impr. Dhoosche, Lille 1906.)

(3) *Essai de catéchisme socialiste*, pages 53 et 55.

pression de la propriété foncière (1), et nous savons son admiration pour les socialistes allemands.

Quelqu'obscure et aride que soit l'étude de la doctrine collectiviste, quelque variable et incertaine qu'elle soit, nous allons essayer d'en indiquer au moins les grandes lignes avant d'aborder l'étude de ses effets sur le droit de propriété (2).

Comme il est impossible au milieu de ce fatras d'idées, d'établir une doctrine indiscutable, admise par tous, nous ne pouvons qu'indiquer sommairement les systèmes de ses principaux adeptes ou prophètes.

Voyons d'abord le système préconisé par Schaeffle, que l'on considère comme le plus clair, le plus intelligible des théoriciens du collectivisme total ou intégral (3).

---

(1) Chambre des Députés, 11 juin 1906. *Journal officiel*, 15 juin 1906, p. 1957.

(2) L'ouvrage qui définit et analyse le mieux et le plus complètement la doctrine collectiviste, est le livre de Paul Leroy-Beaulieu, *Le collectivisme, examen critique du nouveau socialisme*. (Alcan, éd. 1909.)

(3) Schaeffle, *La Quintessence du socialisme*, traduction

Pour Schaeffle, l'idée dominante est : « la propriété collective substituée à la propriété privée de tous les moyens de production (biens-fonds, ateliers, machines, outillages, etc...); substitution à la concurrence capitaliste sans unité, de l'organisation sociale du travail, c'est-à-dire organisation corporative du *processus* de la production, au lieu des entreprises privées...; répartition des produits collectifs de toute nature aux travailleurs, en raison de la quantité et de la valeur de leur travail ou en raison de leurs besoins. » (1)

La société collectiviste ou plutôt l'Etat collectiviste ou socialiste est le seul maître et patron universel, le seul propriétaire de tous les moyens de production, et en premier lieu du capital et de la terre. En réalité l'Etat serait maître de tout, des hommes et des choses (2). Schaeffle prétend que la propriété capitaliste provient de l'usurpation sur la

---

de Benoît Malon. (Société nouvelle de librairie et d'édition.)

(1) Schaeffle, p. 12.
(2) Schaeffle, p. 10.

petite propriété (affirmation sans preuves) ; il en conclut que les expropriateurs doivent être expropriés (1). De là à dire que la propriété c'est le vol, il n'y a qu'un pas. Nous avons vu aussi que Schaeffle (2) ne craint pas de dire que objectivement il s'agit d'une spoliation, d'une escroquerie, d'une rapine.

Le collectivisme exige la suppression des capitaux privés et l'appropriation collective du capital avec organisation sociale du travail et répartition sociale du revenu national en raison du travail de chacun (3). Le temps de travail sert à mesurer la part individuelle de chaque producteur dans le travail commun.

En ce qui concerne l'expropriation socialiste, le collectivisme de Schæffle compte sur les masses pour obtenir facilement l'expropriation des propriétaires actuels, si ceux-ci y consentent de bonne grâce. Le rachat pourrait s'effectuer non ¦au moyen de rentes sur

---

(1) Schaeffle, pp. 17, 19. — V. notre Introduction.
(2) *Id. Ibid.*, pp. 27, 28.
(3) *Id. ibid.*, p. 30 et suiv.

l'Etat (1), mais par le moyen de bons de travail ou de consommation qui pourraient être considérables, qui ne pourraient être accumulés pour former un capital privé, sources de revenus, mais devraient être consommés par chacun au fur et à mesure de ses besoins (2). — Suppression des loyers, des fermages, des revenus de toutes sortes, des capitaux privés et des valeurs de Bourse (3). — Abolition de tout commerce privé de marchandises et de valeurs de Bourse (4). — Abolition du numéraire métallique; (monnaies d'or et d'argent etc.) et son remplacement par des bons de travail (5).

En résumé : il n'y aurait d'autre revenu privé, abstraction faite des dons et des offrandes volontaires, que le revenu du travail. La répartition des produits se ferait par la liquidation des bons de travail dans les magasins publics de livraisons (6).

---

(1) Schaeffle, pp. 32, 33.
(2) P. 34.
(3) P. 58 et suiv.
(4) P. 62.
(5) P. 68.
(6) P. 85.

Comprenant combien la suppression de la propriété privée est antipathique à la généralité des hommes, Schæffle s'efforce de démontrer que le collectivisme ne l'abolit pas entièrement. Ainsi il dit : « Il n'est pas vrai « que le collectivisme veuille abolir toute « propriété, qu'il soit la négation pure et « simple de la propriété. Il repousse unique- « ment *l'appropriation privée des moyens de* « *production* et il veut y substituer la mise « en propriété collective de ces mêmes moyens « de production (biens-fonds, ateliers, machi- « nes etc.) *La propriété privée des moyens* « *de consommation* ou de jouissance n'est pas « ni ne peut être supprimée. Aucun socialiste « contemporain n'est assez imbécile ni assez « fou pour condamner l'appropriation privée « et le libre emploi des moyens d'existence « tels que vêtements, mobiliers, livres etc. » — Et Schæffle résume en disant que la pro- priété collective doit s'étendre seulement aux moyens de production tel que le capital. « Il « est bien évident que la propriété indi- « viduelle ne se trouve réduite que dans « la mesure et dans les domaines où la

« propriété collective aura été étendue. » (1)

Comme on l'a fait observer avec beaucoup de raison, la distinction entre moyens de production et moyens de consommation est bien souvent arbitraire. Ainsi un panier de raisins ou de pommes est à la fois moyen de consommation et moyen de production, selon que l'on mange ces raisins ou ces pommes en fruits, ou que l'on entend les convertir en vin ou en cidre. Il peut en être de même d'une foule d'autres objets selon l'emploi qu'on en veut faire (2). L'exemple donné par Schæffle lui-même : les livres comme objets de consommation, est critiquable, car pour l'écrivain, les livres sont certainement des moyens de production : un livre est un outil. On voit donc l'incertitude du système. Mais bien plus, si l'on examine avec soin cette théorie collectiviste, si l'on recherche à quels objets s'étendrait le droit de propriété privée et quelle serait leur valeur, on est amené à dire que cette affirmation de Schæffle : que la pro-

----

(1) P. 89.

(2) Paul Leroy-Beaulieu, *Le Collectivisme*, p. 14.

priété privée subsistera en régime collectiviste, que cette affirmation est une véritable
mystification pour capter les esprits superfi-
ciels.

Nous voyons l'aveu de la part de Schæffle
lui-même, de l'insignifiance du droit de propriété privée maintenu par le collectivisme,
dans ce qu'il dit à propos du droit d'héritage
qu'il entend maintenir : « Il suffit d'un peu de
« réflexion pour comprendre qu'étant donnée
« la socialisation des capitaux, le droit d'hé-
« riter des moyens de jouissance n'a plus
« qu'une importance infiniment secondaire...
« Le droit d'héritage n'est vraiment un gros
« morceau (si l'on peut ainsi parler) qu'aussi
« longtemps que les capitaux, moyens de pro-
« ductions, sources de revenus sont objets de
« propriété privée. Une fois cette condition
« modifiée, il ne saurait plus y avoir que des
« successions modestes, qui ne pourront avoir
« pour effet, dans l'Etat socialiste, d'inquié-
« tantes inégalités de fortunes. (1) »

Ainsi en réalité, le droit de propriété serait

---

(1) Schaeffle, *Quintessence*, p. 93.

très minime en régime socialiste, ou maintenu seulement pour des choses improductives ne pouvant être capitalisées.

Schæffle se prévaut du peu d'importance de ce droit de propriété pour admettre le droit d'héritage, il suppose que son interdiction, frappant le droit de propriété de la terre et du capital, ne pourra jamais être tournée. Illusion bien étrange de sa part !

Telles sont les grandes lignes du collectivisme de Schæffle.

J. Jaurès paraît admettre ce collectivisme intégral touchant le droit de propriété, lorsqu'il approuve l'ouvrage précité de Brissac qui dit : « Le collectivisme représente parti- « culièrement la branche économique du so- « cialisme. Il repose sur les bases suivantes : « terres, maisons, mines, usines, fabriques, « chemin de fer, etc. deviendront propriété « sociale. Le travail par le fait sera obliga- « toire pour tous... » (1)

______

(1) Préface de J. Jaurès. Brissac, *Société collectiviste*, p. 8 et p. 22.

On comprend que poussé à l'extrême, logiquement, ce collectivisme intégral peut arriver en fait au communisme intégral, car les moyens de production, comprenant presque tous les biens ayant une certaine importance, (ainsi les biens-fonds et le capital) tombent tous dans la propriété collective. Quant aux moyens de consommation, ceux-ci ne pouvant être capitalisés ni produire de revenus, leur valeur est essentiellement précaire et limitée.

Aussi un certain nombre de collectivistes, repoussant les données absolues que nous venons d'exposer, cherchent un autre *criterium* au collectivisme : c'est le collectivisme restreint. Le professeur Georges Renard par exemple prend pour base de son système : le travail, il admet « le droit de propriété indi-
« viduelle fondé sur le travail. Acceptons et
« appliquons cette théorie très simple et très
« solide dit-il. Les terres, n'étant l'œuvre de
« personne, ne peuvent appartenir indivi-
« duellement à personne. La terre entière,
« puisque de toutes les espèces animales qui
« l'habitent, l'humanité est la seule qui sache
« la travailler et l'exploiter, peut être consi-

« dérée comme le domaine commun de la
« totalité des personnes humaines... » (1)

Bien qu'exposant seulement ce système de
collectivisme, nous ne pouvons passer sous
silence l'évidente contradiction que renferme
cette théorie : on dit que la terre ne peut être
propriété privée parce qu'elle n'est pas le
produit du travail : or on reconnait en même
temps que l'humanité est seule à travailler
la terre. Contradiction manifeste et que condamne l'axiome bien connu de Michelet :
l'homme fait la terre : axiome en grande
partie vrai.

Poursuivant l'exposé de sa théorie, M. Georges Renard ajoute : « L'individu ne peut donc
« posséder en propre que ce qu'il a fait lui-
« même, ou ce qu'il s'est procuré en échange
« de son travail personnel : (meubles, che-
« vaux, tableaux, maison qu'il aura bâtie ou
« fait bâtir à ses frais, etc.), en somme assez
« peu de chose. Le reste est propriété collec-

____

(1) Georges Renard, *Le régime socialiste*, p. 34. (Alcan,
éd. 1904.) Dans un sens analogue : Henri George, *Progrès
et pauvreté*, traduction Lemonnier, *passim* et notamment
p. 316 et suiv. (Guillaumin, éd. 1887.)

« tive (1) » ; retournant toujours la même idée : à chacun le fruit de son travail, tel est d'après lui le fondement du droit de propriété, par conséquent, chacun peut consommer ce qu'il a produit.

Enfin comme conséquence grave des prémisses susénoncées par Georges Renard : Lorsque l'individu vient à mourir, les biens qu'il laissera ne peuvent échoir à un autre individu puisque celui-ci posséderait alors des choses qu'il n'aurait pas gagnées par son travail. Il faut donc de toute nécessité que ces choses retournent à la masse. D'où suppression du droit d'héritage (2).

Bien plus logique que le collectivisme de Schæffle, ce système supprime tout droit de succéder, car du moment où l'abolition de la propriété privée est le premier article de ce nouvel Evangile, il est évident que le droit de propriété aboli entre les mains du père ne peut renaître entre les mains du fils : ainsi sera retranché du commerce de la vie jus-

---

(1) P. 35.
(2) Pages 37, 38.

qu'au nom même de propriété, comme le formule Platon. Or on sait, et la chose est indiscutable, que l'homme travaille, acquiert, économise, constitue et accroît ses propriétés, surtout en vue de ses descendants. Pour empêcher la transmission héréditaire des biens, on pense édicter des mesures législatives, telles que de véritables confiscations des successions. Mais quelque sévères et rigoureuses que seraient ces lois draconiennes, de même que toutes les dispositions contre nature édictées au cours des siècles pour interdire les transmissions des successions, ces lois seraient certainement violées ou tournées. en fait (1). Aussi les socialistes n'ont qu'un moyen d'assurer la suppression de toutes propriétés et de tout héritage, c'est la suppression de la famille : par suite l'abolition du mariage. A cet égard, Schæffle critique qu'on rencontre chez les socialistes des manières fort libres relativement au mariage et à la famille (2).

____

(1) Ainsi à Rome malgré les prescriptions prohibitives de la loi Voconia, des pères de famille surent transmettre leurs biens à leurs filles.

(2) Schæffle, *Quintessence,* p. 94.

Mais ceux-ci sont dans la logique de leur système : ils sont rigoureusement forcés d'en revenir tous à la loi de Platon, les collectivistes comme les autres.

Le socialisme prend encore d'autres apparences que le collectivisme dont nous venons de parler. Sous des formes parfois plus dissimulées, plus sournoises, par suite plus dangereuses, on cherche à insinuer, même dans les milieux les plus bourgeois, les idées socialistes, sans prononcer ce mot qui inquiète, mais en donnant le nom de *sociales* aux réformes humanitaristes proposées. Ainsi dans les classes dirigeantes, certains pensent que le socialisme est un mouvement irrésistible, qui a même du bon et n'est condamnable que dans ses excès. On s'éprend d'un certain idéal qui serait le triomphe de la justice, de l'égalité et de la félicité universelles (1). Certains idéologues dissimulant la faiblesse ou la nullité du raisonnement sous la sonorité des pé-

____

(1) Voir la condamnation de ce socialisme intellectuel et humanitariste. Le Bon, *Psychologie du socialisme*, p. 56 et suiv. p. 459 et suiv.

riodes, disent : « Avec quelle pompe l'orateur
« socialiste (J. Jaurès) ne célèbre-t-il pas cette
« transsubstantiation magnifique de l'égoïsme
« individuel en dévouement sublime à la
« cause de l'humanité, et quel enthousiasme
« pourrait en effet paraître excessif pour van-
« ter une si admirable conquête !... Lors
« même que cette grande espérance collecti-
« viste devrait être déçue, la perspective n'en
« reste pas moins très encourageante. Qu'ils
« acceptent ou qu'ils répudient les doctrines
« socialistes, les disciples de l'esprit nouveau
« s'accordent à penser que l'humanité est
« désormais en possession de la clé d'or qui
« doit ouvrir la porte du Paradis..., de ce
« paradis réel et tangible fait de notre terre
« transformée par le travail » (1).

Sans entrer dans l'examen de ces rêveries,
qu'il nous suffise de rappeler à l'heure actuelle
le paradis socialiste des Bolcheviks de Russie.

Parmi ces socialistes, chrétiens ou non, il
en est qui prétendent que les clauses essen-

---

(1) Paul Bureau, *La crise morale des temps nouveaux,*
pp. 153, 154. (Bloud et Cie, 2ᵉ éd.)

tielles de certains contrats, (comme les baux à ferme et les baux à loyer) doivent être soustraites au libre accord des parties et transférées à la décision de tiers ou de syndicats (1). Nous avons vu pendant la guerre, combien les dispositions moratoires, justifiées en certaines circonstances, ont consacré trop souvent, en d'autres cas, des situations peu équitables, et combien aussi le système des arbitrages, n'a pas toujours satisfait l'idée de justice. (V. aussi loi 23 octobre 1919, ch. II).

D'ailleurs ces socialistes ne se bornent pas à juguler autant que possible le droit de propriété, ils nient sa légitimité : Ainsi des socialistes chrétiens déclarent comme Tolstoï, que la terre n'est à personne, la terre est à Dieu (2).

---

(1) Voir en sens contraire Henr Joly, *Le Socialisme chrétien*, p. 244. (Hachette, éd. 1892.) Cet auteur fait observer avec juste raison qu'un pareil système est en contradiction avec le précepte de l'Evangile, en érigeant Jésus-Christ « juge de nos partages et arbitre de tous nos contrats. »

(2) Ainsi dans son roman *Résurrection*, traduction de Wizewa, p. 305. (Perrin, éd. 1901.) Voir aussi *Revue du clergé français*, juillet, août, septembre 1908, pages 71, 72 (art. Garriguet.)

D'où il résulte d'après eux que le droit de propriété ne peut se justifier que comme création de la loi ou par son utilité (1). Cette thèse, qui avait été admise par de grands auteurs, présente le danger d'ouvrir la porte au socialisme puisque ce que la loi a créé, une loi peut le détruire: nous verrons que c'est un sophisme ne pouvant résister à l'examen. Aussi une pareille thèse ne peut être acceptée. D'après Joseph Rambaud: Le Pape Léon XIII était opposé à ces doctrines socialistes, et M. de Mun dans sa lettre à Léon XIII, du 16 septembre 1891, s'exprime ainsi: « Tous, « parmi les catholiques, défendront contre de « coupables entreprises la propriété privée et « personnelle, qui est pour l'homme, de droit « naturel. » (2) Telle est bien à notre sens la solution imposée par la droite raison.

----

(1) Paul Bureau, *La propriété foncière* dans *La Science sociale*. (Demolins, septembre 1902, p. 229 et suiv. p. 236.)

(2) Joseph Rambaud, *Eléments d'économie politique*, page 53. (Larose, éd. 1895.) Dans le même sens : Daulny, *L'injustice du socialisme*, pages 21, 43 et suiv.

M. de Mun se défendait d'ailleurs d'être socialiste. (*Revue hebdomadaire* du 25 mai 1918, p. 493. Geoffroy de Grand-maison.)

Le socialisme compte de nombreux adhérents parmi les intellectuels, qui totalement étrangers aux réalités du monde, sont par cela même incapables de comprendre les conditions nécessaires à l'existence d'une société. Ils vivent dans une atmosphère de rêves et de chimères qui les met bien au-dessous du bon sens élémentaire du paysan. Ces intellectuels constituent un véritable danger social en échauffant à faux les esprits des jeunes gens et des imaginatifs de tous âges et de toutes conditions. On a donc grand tort de prêter une oreille attentive à une vaine rhétorique que condamne le simple bon sens (1).

Comme c'est toujours le droit de propriété individuelle qui subit les plus violentes attaques, ce sont d'abord ces attaques que nous avons à réfuter.

---

(1) Conf. Dr Le Bon, *Psychologie du socialisme*, p. 60, 61.

LIVRE DEUXIÈME

Réfutation des attaques contre le droit de propriété privée

CHAPITRE PREMIER

GÉNÉRALITÉS

Les attaques dirigées contre le droit de propriété privée ont peu changé dans le cours des siècles, et le prétendu caractère scientifique du Socialisme moderne n'a rien inventé qui n'ait été dit et redit cent fois. Ainsi, on dit qu'il est contraire à la justice que parmi les hommes, les uns aient des propriétés immobilières, et que d'autres n'en aient pas : que c'est la cause principale de l'inégale répartition des richesses (1) : On en conclut, à un premier point de vue, que la propriété collec-

---

(1) Karl Marx et Engels, *Manifeste.*

tive, qui seule aurait existé à l'origine du
monde à l'exclusion de la propriété individuelle, a seule le caractère de droit naturel.
On dit que le droit de propriété individuelle
du sol repose principalement sur l'idée d'occupation, de prise de possession par le premier
occupant : ainsi ce droit est fondé sur la violence ou le dol, en plus c'est un droit exclusif
et haineux, il est donc illégitime. On dit que
le droit de propriété individuelle ne peut se
justifier que par le travail seul : or, appliqué
au sol, le droit de propriété individuelle n'est
pas le fruit du travail, en ce qui concerne les
 acultés naturelles et impérissables du sol. En
d'autres termes, ce qu'on nomme la rente du
sol ou de la terre ne se réfère à aucun travail du propriétaire ou de ses ayant-cause ;
la terre ne peut donc faire l'objet d'une propriété individuelle et exclusive.

On critique encore la propriété privée individuelle, sous une forme plus détournée : on
admet son principe, mais on dit, comme les
purs socialistes (1), que la forme de la pro-

---

(1) Karl Marx et Engels, *Manifeste*, p. 33.

priété telle qu'elle existe, est une institution
de la loi positive seule, qu'elle est arbitraire,
qu'elle n'a rien de fixe, et que dans le cours
des siècles elle a subi de continuels change-
ments, le législateur peut donc la modifier
comme il l'entend et même la supprimer.

Enfin certains concèdent que le droit de propriété individuelle peut se justifier par l'utilité publique ou sociale, mais que c'est sa
seule raison d'être : par suite on peut la supprimer, dès que cette utilité publique semble
ne plus exister.

De nos jours, le socialisme collectiviste est
le système préféré. Les véritables collectivistes repoussent avec une énergie égale, et le
système actuel de la propriété privée individuelle, et le système communiste qui attribue
à chaque être humain un droit de propriété
sur la terre. Pour les collectivistes, la terre
appartient à l'ensemble du genre humain et
ne peut faire l'objet d'une appropriation privée
individuelle. Ils adoptent comme principe en
le faussant, cet axiome de Herbert Spencer (1)

---

(1) Cité par d'Eichthal, *Nouveau Dictionnaire d'Économie
politique*, t. II, v° *Socialisme*. (Socialisme agraire), p. 839.

que : priver les hommes de leur droit à l'usage de la terre, c'est commettre un crime qui ne le cède en perversité qu'au crime de leur ôter la vie ou de les dépouiller de la liberté personnelle. — On ajoute qu'aucun homme ne peut être privé de la jouissance de la terre à moins qu'il n'ait démérité (1). Ainsi le droit naturel condamnerait le droit de propriété individuelle, bien loin de l'établir.

La propriété de la terre est collective, c'est-à-dire que la terre appartient indivisément à la collectivité, au genre humain tout entier, ou encore à l'Etat collectiviste, la jouissance seule est partagée. D'une manière générale, tout ce que l'on appelle instruments, moyens, sources de production, tels que : le capital, la terre, les mines, les outils, les machines, etc. font l'objet de la copropriété sociale ou propriété collective (2). Tel est le collectivisme intégral.

---

(1) De Laveleye, *De la propriété et de ses formes primitives*, préface de la 1re éd. p. XXIX.
(2) Karl Marx et Engels, *Manifeste du parti communiste*, trad. Laura-Lafargue, p. 32 et suiv. Karl Marx, *Le capital*, trad. V. Pareto, (Guillaumin, éd) *passim*. — Henri Geor-

Tout le reste, c'est-à-dire les objets de consommation, ou d'une manière générale, tous les objets produits du travail, ou acquis en échange d'un travail personnel sont susceptibles de propriété privée individuelle (1), c'est le collectivisme de M. Georges Renard.

Ainsi on cite dans cette catégorie, comme résultant du travail personnel ou acquis en échange de ce travail, les meubles, les che-

---

ges, *Progrès et pauvreté*, trad. P. L. Le Monnier, *passim* et notamment p. 281 et suiv. (Guillaumin, éd. 1887). — Georges Renard, *Le régime socialiste*, p. 33 et suiv. (F. Alcan, édition 1904). — Karl Kautsky, *La politique agraire du parti socialiste*, trad. C. Polack, p. 33, 204, 208 et suiv. (Paris, 1903, Giard et Brière, éd.) — H. Brissac, *La société collectiviste*, préface de Jean Jaurès, p. 22. (Imp. de la *Petite République*, 3ᵉ éd.) — Schæffle, *La quintessence du socialisme*. — Jules Guesde, *Collectivisme et Révolution*, p. 13. (Dhoosche, Lille, 1906). Ce dernier auteur dans son *Catéchisme socialiste*, p. 53, 54, 55, 58, n'admet même pas la propriété collective, mais seulement la jouissance limitée et conditionnelle. Certains auteurs, animés d'idées religieuses, disent dans le même sens : « La terre n'est à personne. Elle n'est qu'à Dieu !... Toute la terre doit être possédée en commun. Tous ont sur elle un droit égal... » (Comte Tolstoï, *Résurrection*, trad. de Wyzewa, p. 305. (Perrin, éd. 1901.)

(1) Voir les auteurs cités à la note précédente. J. Guesde n'admet ainsi que nous l'avons fait observer, qu'une jouissance collective. (*Essai de catéchisme socialiste, ut supra.*)

vaux et bestiaux, les tableaux, même la maison que l'on bâtit ou fait bâtir à ses frais, etc. (1).

Ces distinctions partent de la conception dont nous démontrerons toute la fausseté : que le travail de l'homme est la seule source de tous les droits. D'où ces aphorismes : que les terres n'étant l'œuvre de personne ne peuvent appartenir individuellement à personne ; — ou bien encore : à chacun le fruit de son travail. Par suite, l'homme ne peut posséder en propre que ce qu'il a fait lui-même ou ce qu'il s'est procuré en échange de son travail personnel (2).

D'autre part la collectivité a remplacé l'individu. Ainsi les grandes industries sont ordinairement exploitées en société, et donnent lieu à un travail collectif, il est logique que ces propriétés ayant cessé d'avoir le caractère

---

(1) Georges Renard, *Le régime socialiste*, pp. 34, 35.

(2) Henri George, *Progrès et pauvreté, ut supra* pp. 282, 316 et suiv. — B. Malon, *Le socialisme intégral*, tome Ier notamment pp. 306, 307. — Georges Renard, *loc. sup. cit.* — D'après J. Guesde, l'homme n'aurait même dans ce cas qu'une jouissance précaire et limitée (*op. sup. cit.*)

individuel, soient socialisées au profit de la collectivité (1).

On en conclut que la propriété, ou d'une manière générale le capital, est injuste et illégitime, comme étant la cristallisation du travail impayé (2).

Comme conséquence, l'Etat socialiste ou la collectivité reprend toutes les sources et instruments de production, et au premier plan le capital et la terre. On masque cette expropriation, avec ou sans indemnité, sous le nom de nationalisation ou de socialisation de la terre (3).

Cette nationalisation, ou socialisation d'après certains, aurait même lieu sans aucune indemnité (4). Mais cette solution brutale n'est

---

(1) Karl Marx et Engels, *Manifeste*, p. 35. — Georges Renard, p. 36. — Fournière, *L'idéalisme social, Revue des Revues* du 15 octobre 1898, p. 155.

(2) Karl Marx, *Le capital, ut supra*, notamment p. 134, 135. — Fournière, *L'idéalisme social, Revue des Revues*, du 15 octobre 1898, p. 155.

(3) Karl Marx et Engels, *Manifeste, ut supra*, p. 32 et suiv. Karl Marx, *Le capital, passim.* — Voir aussi les divers auteurs cités dans les notes précédentes.

(4) Jules Guesde, *Collectivisme et Révolution.* (Imp. Dhoos-

pas admise par tous ; d'autres en effet estiment qu'il faudrait exproprier et qu'une indemnité devrait être allouée aux propriétaires dépossédés ; ils varient toutefois sur la nature et l'importance de cette indemnité et la réduisent parfois jusqu'à la rendre dérisoire, ils masquent ainsi, sous le nom d'expropriation, une véritable confiscation. Ainsi pour les uns, les propriétaires actuels n'ont droit à aucune compensation pour la rente du sol, c'est-à-dire pour la valeur de la terre à raison de ses facultés naturelles ou de sa situation ; les propriétaires n'ont droit à être indemnisés que pour les améliorations apportées à la terre par leurs travaux et leurs impenses (1).

---

che, Lille 1906, p. 19, 20 et suiv.) Pour cet auteur, p. 27 et 28, la seule solution collectiviste, est le *Collectivisme par la Révolution.*

(1) Voir sur ce point : J. Jaurès, Chambre des Députés, Séance du 14 juin 1906. *Journ. off.* du 15 juin, p. 1957. — M. d'Eichtal, dans le *Nouveau Dictionnaire d'Economie politique,* (Léon Say et Chailley), tome I, v° *Socialisme,* p. 844, résume bien en ces termes, le système socialiste : Henri George ne comprend pas qu'on donne une compensation aux propriétaires touchant la rente du sol. Pour lui la question est toute tranchée : le droit à la compensation n'existe pas. Stuart Mill disait : la terre de tout pays ap-

Sur ce point Schæffle s'exprime ainsi : « Le socialisme n'est nullement hostile à l'idée de racheter les propriétés privées actuelles, si les propriétaires y consentent de bonne grâce... Mais alors même que l'on rachèterait toutes les valeurs productives, on ne délivrerait pas cette fois aux expropriés des titres de rente ni des moyens de production, mais unique- des moyens de consommation ; car à l'avenir,

---

partient au peuple de ce pays ; les individus appelés pro-priétaires n'ont, au point de vue de la morale et de la justice, aucun droit à autre chose que la rente ou une compensation pour sa valeur de rente. Si la terre d'un pays, dit Henri George, appartient au peuple de ce pays, quel droit ont à la rente les individus propriétaires ? Pourquoi le peuple payerait-il la rente de ce qui lui appartient ? Herbert Spencer avait écrit : Si nous étions encore en présence de ceux qui ont originellement volé leur héritage à la race humaine, nous pourrions en finir rapidement. — Pourquoi n'en finirions-nous pas aussi rapidement aujourd'hui, réplique Henry George ? Ce vol n'est pas comme le vol d'un cheval ou d'une somme d'argent qui cesse avec l'acte. C'est un vol continu, de chaque jour, de chaque heure... Ce n'est pas simplement un vol dans le passé, c'est un vol dans le présent... Donc, les propriétaires actuels n'ont droit à aucune compensation pour la rente : les améliorations apportées à leur terre par leur travail leur constituent seules un vrai titre de Propriété... Voir *supra*, Jules Guesde, *loc. cit.*

les moyens de production ne pourraient plus être propriétés privées... » (1)

On comprend combien éphémères seraient de pareilles indemnités même en les supposant importantes, puisqu'il s'agirait de valeurs qui ne pourraient être productives d'intérêts, et qu'on ne pourrait utiliser qu'en les consommant, c'est-à-dire en les détruisant au fur et à mesure.

D'autres socialistes proposent d'indemniser les propriétaires au moyen d'annuités terminables, c'est-à-dire d'indemnités payées par fractions annuelles, pendant 20, 40, 80, 99 ans ; au bout de ce temps la propriété étant payée, la Société collectiviste, ou plutôt l'Etat collectiviste s'emparerait de la propriété sans nouveau paiement et quelle que soit la valeur de la propriété à cette époque. On peut supposer que l'estimation des indemnités portant sur de si longues périodes serait fort difficile et donnerait lieu à bien des contestations, et en

---

(1) *La quintessence du socialisme,* traduction de Benoît Malon, pp. 33, 34. (Publication de la Société nouvelle de librairie et d'édit.)

second lieu que le propriétaire négligerait son bien dans les années précédant l'expiration de la dernière période. Enfin ce système suppose un égoïsme révoltant de la part du père de famille, qui suffisamment indemnisé, ne se préoccuperait pas de ne rien laisser à ses enfants.

D'autres écrivains ne paraissent pas faire ces distinctions. Pour ceux-ci, l'expropriation sans indemnité, véritable confiscation, serait pleine de dangers, car elle frapperait tous les capitalistes, les petits comme les grands ; ces confiscations sèmeraient l'inquiétude dans le peuple. Les propriétaires expropriés seraient donc indemnisés par rachat ou autrement. D'après certains autres, les propriétaires rachetés seraient indemnisés en rente sur l'Etat. Dès que la propriété aurait été transformée en rentes sur l'Etat, le législateur établirait l'impôt progressif sur la rente et égaliserait ainsi toutes les fortunes (1).

---

(1) Karl Kautsky, *Le Mouvement socialiste*, 1ᵉʳ février et 1ᵉʳ mars 1903. — Voir aussi Karl Kautsky, *La politique*

On voit à quel point l'indemnité peut devenir illusoire, et combien les socialistes des diverses écoles soit ouvertement, soit subrepticement, par un lent *processus*, arrivent à une véritable confiscation (1).

Les socialistes collectivistes, si absolus dans leurs propositions et dans les conséquences qu'ils leurs donnent, y apportent cependant certaines exceptions qui de leur propre aveu n'ont pour raison d'être, que d'attirer à eux la clientèle très nombreuse des petits propriétaires. Nous avons vu en effet que le principe même de la propriété individuelle était condamné ; or bien peu logiques avec eux-mêmes, ces collectivistes disent : « il est évident que si nous arrivons au pouvoir, nous ne pourrons pas songer à exproprier violemment les petits paysans (peu importe que ce soit avec

---

agraire du parti socialiste, trad. Camille Polak (Paris, 1903, Giard et Brière, éd.) — Pour d'autres, la forme de l'indemnité ne pourrait être déterminée actuellement et resterait à débattre. (B. Malon, *Le Socialisme intégral*, tome Ier, p. 306. — *Le Socialisme réformiste*, p. 15.)

(1) Voir sur ce point : *Le Correspondant* du 10 mai 1903, p. 576 et suiv. article de M. Béchaux.

ou sans indemnité) comme nous serons forcés de le faire pour la grande propriété. » (1) Il ressort également des explications données par l'auteur, que la faveur accordée par les collectivistes aux petits propriétaires n'est qu'apparente, et qu'en conservant son domaine, le petit propriétaire n'aura plus aucune liberté, sous la main oppressive de l'Etat socialiste. En réalité, le socialisme confisquera la petite propriété, (*infra*, p. 229, 233, 253).

Quant à l'organisation de la société future, c'est la grosse difficulté du collectivisme et en général de tous les systèmes socialistes.

Ainsi la répartition du travail et des produits du travail est une de ces questions insolubles qu'aucun système socialiste ou collectiviste n'arrive à résoudre d'une manière satisfaisante.

On établit comme règle, l'égalité absolue entre les hommes, au moral comme au physique. Certains auteurs même paraissent s'inquiéter peu de la somme de travail donnée,

---

(1) Karl Kautsky, p. 210. Karl Marx et Engels, *Manifeste,* p. 33 et suiv.

tout en reconnaissant l'égalité des droits (1).

Nous verrons par la suite que parmi les divers systèmes socialistes, les uns édictent comme loi de répartition, l'axiome : à chacun selon ses œuvres ; d'autres : à chacun selon ses besoins ; d'autres enfin disent que tous

---

(1) Il semble même que, dans la pensée de certains, les hommes qui voudraient travailler, travailleraient pour ceux qui ne voudraient rien faire. Le comte Léon Tolstoï, dans son roman *Résurrection*, (p. 305, traduction de Wyzewa, Perrin, éd. 1901) s'exprime ainsi : « Nékludov commença à leur expliquer la doctrine d'Henry George. La terre n'est à personne. Elle n'est qu'à Dieu ! fit-il. — C'est bien cela ! Parfaitement ! Voilà qui est bien dit ! déclarèrent plusieurs voix. — Toute la terre doit être possédée en commun. Tous ont sur elle un droit égal. Mais il y a de bonne terre et de moins bonne. Comment faire pour égaliser les parts ? Il faut que celui qui exploite une bonne terre partage son surplus avec celui qui en exploite une moins bonne. Et comme c'est chose difficile de déterminer ceux qui doivent payer et à qui ils doivent payer, et comme dans notre vie de maintenant, l'argent est indispensable, le parti le plus sage est de décider que tout homme qui exploite une terre paiera la communauté pour les besoins communs, en proportion de ce que vaut sa terre. De cette façon l'égalité se trouvera obtenue. Si quelqu'un veut exploiter une terre, il paiera plus pour une bonne terre, moins pour une moins bonne. Et s'il ne veut pas exploiter de terre, il ne paiera rien et ce sont ceux qui exploitent la terre qui paieront pour lui l'impôt nécessaire aux besoins communs... »

ayant un droit égal aux produits du travai!, il faut que tous soient astreints à ce travail par une obligation égale et rigoureuse, l'un étant le corrélatif de l'autre (1). Ces divers systèmes, malgré les nombreuses corrections, modifications et atténuations qu'on y apporte, présentent tous, ainsi que nous l'exposerons, des conséquences arbitraires, injustes et impraticables. Mais, quelque curieuse que soit l'étude de ces questions sociales, nous ne pourrions leur donner un complet développement, sans sortir du cadre de notre travail consacré spécialement à la propriété foncière individuelle.

Les diverses écoles socialistes repoussent avec la plus grande énergie le droit de propriété individuelle s'appliquant à la terre.

En effet, d'après les socialistes de toutes marques, ce droit serait injuste :

------

(1) Voir notamment : Karl Marx et Engels, *Manifeste*, p. 44. — Jules Guesde, *Collectivisme et Révolution*, p. 26. (Imp. Dhoossche, Lille, 1906). — Benoît Malon, *Le Socialisme intégral*, t. Ier, p. 307. F. Alcan, éd. 1890). — H. Brissac, *La Société collectiviste*, (préface de Jean Jaurès), p. 22 et suiv. (Imp. *Petite République*, 3e éd.)

Comme cause première de l'inégalité entre les hommes et comme étant par suite contraire au droit naturel et à la justice.

Comme contraire au droit originaire et traditionnel de l'humanité.

Comme né d'une prise de possession illégitime.

Nous nous proposons actuellement de réfuter ces différents griefs. Les autres reproches adressés au droit de propriété individuelle du sol seront examinés dans le Livre suivant, consacré à la justification rationnelle de ce droit de propriété.

CHAPITRE II

LA PROPRIÉTÉ INDIVIDUELLE N'EST PAS INJUSTE

De toutes les accusations dont le droit de propriété est l'objet, aucune n'est poursuivie avec plus d'acharnement et de véhémence que l'accusation fondée sur l'injustice de ce droit, et spécialement de ce droit appliqué à la terre.

Rien n'explique, dit-on, le prodigieux écart entre la fortune énorme des uns et le néant social des autres. L'inégalité dans la possession de la terre est la grande cause de l'inégalité de la distribution des richesses ; elle constitue une injustice évidente, car il est injuste que parmi les hommes, les uns aient des propriétés et que d'autres n'en aient pas (1).

____

(1) Karl Marx et Engels, *Manifeste.* — Henry George, *Progrès et pauvreté*, p. 282, 315 et suiv. — J. Jaurès, Séance de la Chambre des Députés, *Journ. off.* 13 juin 1906, p. 1949. Georges Renard, *Le régime socialiste*, p. 35. De Laveleye, *De la propriété et de ses formes primitives*, p. 537 et suiv. — On peut dire d'ailleurs que cette accusation d'injustice

Bien plus, renchérissant sur cette proposition, certains soutiennent que toute propriété individuelle doit être abolie, parce que le droit de propriété individuelle est incompatible avec la démocratie, et que tant que ce droit existera, toute égalité entre les hommes sera impossible (1).

D'autre part, il est injuste dit-on, de priver les hommes de la possession de la terre, car la terre leur est aussi indispensable que l'air ou que la lumière, elle n'est donc pas susceptible de propriété individuelle et exclusive. Ainsi l'injustice est l'unique fondement du droit de propriété.

A ces accusations virulentes, nous répondrons d'abord que l'inégalité dans la possession de la terre n'est pas la cause unique, ni même la cause principale de l'inégale répar-

---

portée contre la propriété individuelle est la base de tous les systèmes socialistes, aussi est-elle reproduite par tous les auteurs socialistes quelle que soit leur nuance.

(1) Voir les auteurs cités à la note précédente. *Adde :* Jules Guesde, *Essai de catéchisme socialiste,* p. 60, 61. *Collectivisme et révolution,* p. 10 et suiv. — Dasch, *Démocratie, Revue de philosophie,* 1er février, p. 197.

tition des richesses. L'inégalité sociale ne résulte pas uniquement et nécessairement du droit de propriété individuelle. L'injustice n'est pas le fondement de la propriété individuelle de la terre.

Les inégalités sociales naissent surtout des différences physiques, morales, intellectuelles qui existent entre les êtres humains.

On prétend, il est vrai, que ces différences entre les hommes proviennent uniquement de l'existence de la propriété individuelle et que celle-ci étant supprimée toutes les inégalités disparaîtraient. Bien plus, d'après certains, tout se ramenant à l'époque actuelle non seulement à la conquête de la propriété individuelle, mais au besoin de vivre, les inégalités sociales dépendraient surtout d'une question d'estomac. (1) Ainsi l'humanité se débattrait sous l'incessante, l'obsédante préoccupation de ne pas mourir de faim, il suffirait donc d'effacer cette obsédante préoccupation, il suffirait que les hommes fussent repus pour n'être plus des brutes, et pour que l'âme hu-

---

(1) Schæffle, *Quintessence du Socialisme,* p. 8.

maine devînt meilleure, plus libre, plus saine, plus haute (1). Ainsi les inégalités physiques, morales, intellectuelles seraient supprimées.

Une pareille théorie ne repose que sur des hypothèses chimériques qui ne résistent pas à l'examen. Une première réponse se présente à l'esprit : le degré plus ou moins grand d'intelligence ne dépend pas nécessairement du degré de bien-être de l'individu. On trouve des intelligences supérieures parmi les déshérités de la fortune, et des nullités intellectuelles dans la classe la plus riche et la mieux nourrie. On peut même dire que le besoin est parfois le meilleur stimulant de l'intelligence. Si on appliquait la thèse ci-dessus, la classe la plus riche, à l'abri des préoccupations de la faim, aurait à peu près le monopole des qualités intellectuelles et morales. On ne peut concevoir une conséquence plus absurde et cependant elle découle de la thèse que nous combattons.

Mais, dit-on, dans la *Cité future* la pro-

---

(1) Karl Kautsky, *Le mouvement socialiste*, 1er février, 1er mars 1903. Basch, *Démocratie*, p. 83, *Revue de philosophie*, 1er février 1908, p. 201.

priété individuelle étant abolie, l'homme deviendrait meilleur, ne serait plus égoïste, il serait animé de sentiments altruistes, obéirait à un amour de la supériorité d'une nature inconnue de nos jours ; en un mot, il serait un « surhomme » (1).

Sans insister sur le côté purement illusoire de cette thèse qui prétend que la suppression de la propriété individuelle et l'établissement du socialisme mettraient fin à toutes les inégalités et à tous les vices de la société actuelle, nous ferons observer d'abord qu'il y a bien d'autres causes d'inégalités. En effet, abstraction faite de toute idée de propriété individuelle, il est des qualités et des défauts qui sont inhérents à la nature humaine et qui se manifestent aussi, là où règne la propriété collective, (par exemple, le *mir* russe). Ainsi les qualités et les défauts de l'ordre moral et de l'ordre intellectuel existent très souvent en dehors de toute relation avec le droit de propriété. Ni les travaux de l'intelligence, ni les faits passionnels par exemple, n'impli-

____

(1) Voir les auteurs cités dans la note précédente.

quent nécessairement des préoccupations d'intérêts pécuniaires ou de propriété individuelle.
Ces faits peuvent créer des inégalités sociales.
D'une manière générale, les inégalités intellectuelles et morales qui se manifestent entre
les individus sont indépendantes de la propriété individuelle, et ont leur répercussion
sur l'ordre social. De même les inégalités purement physiques résultant des différences de
constitutions physiques existant entre les individus, ainsi l'état de santé ou de maladie,
sont des causes d'inégalités sociales que l'é-
tablissement du socialisme ne ferait pas disparaître. Quelque restrictives que pourraient
être les lois socialistes, elles ne pourraient empêcher la supériorité intellectuelle de secouer
le joug égalitaire auquel on voudrait l'assu-
jettir. Nous verrons d'ailleurs que du socialisme lui-même naissent bien d'autres causes
d'inégalités.

A un autre point de vue, les faits eux-mêmes démentent l'allégation que la propriété
individuelle est l'unique cause de l'inégalité
entre les hommes et de l'inégalité des richesses. Ainsi un partisan convaincu de la pro-

priété collective, Mr de Laveleye, cite un certain nombre d'exemples de sociétés où subsiste la propriété collective. (1) Or de ces citations et de ces exemples, on ne peut déduire qu'une prospérité véritable, ou même que l'égalité rêvée règne entre les membres de ces collectivités. Bien au contraire nous voyons le « mir » russe, miné par les « mangeurs de mir », et les familles fortes s'y substituer aux familles faibles (2). Ces inégalités naissent donc de la propriété collective elle-même ; et nous ne pensons pas que l'état de Révolution où se débat actuellement la Russie, ait mis un terme à ces inégalités.

Si, nous plaçant exactement au point de vue spécial de notre étude, nous envisageons la propriété individuelle appliquée à la terre, nous voyons que ce droit n'est pas la cause unique, ni même la cause principale de l'iné-

____

(1) *De la propriété et de ses formes primitives, passim.*
(2) Paul Leroy-Beaulieu, *t.* I⁰ʳ, pp. 202, 556, 558, 562. Voir sur la faillite du *Mir. Revue des Deux-Mondes,* du 15 avril 1908, d'Avenel, *La fortune de la Russie,* p. 791 et suiv.

galité des richesses et que ce droit n'est pas injuste.

Prétendre que l'homme qui ne jouit pas directement de la terre est voué à la misère, et que par suite l'inégalité des richesses provient de l'inégalité dans la possession de la terre, c'est une contre-vérité qui devrait être saisie même par l'esprit le moins cultivé. En effet, raisonner ainsi c'est ne tenir aucun compte de la théorie de la *division du travail*, grâce à laquelle la répartition des richesses se fait indépendamment de la propriété de la terre. Il est évident qu'un propriétaire foncier ou un cultivateur d'une part, et qu'un commerçant ou un artisan, ou un homme exerçant une profession libérale (avocat ou médecin, par exemple), d'autre part, recueillent chacun les ressources nécessaires à l'existence : les uns, grâce à la possession de la terre, les autres sans posséder peut-être une seule parcelle du sol. On comprend d'ailleurs facilement qu'un capitaliste peut ne pas avoir un pouce de terre et ne posséder que des valeurs de portefeuille n'impliquant aucun droit ou intérêt foncier. Enfin l'artisan, l'ouvrier des villes, gagne sa vie sans avoir nécessairement à posséder de la terre. (1) De tout cela on doit conclure que l'inégalité dans la possession ou la propriété de la terre n'est pas la seule cause, ni même la cause principale de l'inégale répartition des richesses. On doit conclure aussi que la propriété individuelle de la terre n'est pas une injustice, ainsi que les socialistes l'affirment, puisque cette propriété ne constitue pas le seul moyen de vivre et ne fait pas obstacle à l'utilisation d'autres moyens de production. En réalité, l'inégalité ne résulte pas seulement de la propriété individuelle de la terre, mais de causes très nombreuses, et aussi de la propriété mobilière (2). Le droit individuel de propriété foncière, non seulement n'est pas une injustice, mais constitue un intérêt social ; il permet à chaque aptitude de se développer dans une sphère différente ; concourant avec la division du travail, il mul-

____

(1) Conf. M. Block, *Le socialisme moderne*, p. 119. — Hachette, éd. 1891.) — Paul Leroy-Beaulieu, t. Ier, p. 561. — Cauwès, t. III, n° 974 p. 362. — Frédéric Bastiat, *Harmonies économiques*, t. VI, p. 314. (Guillaumin, éd. 1893).

(2) Cauwès, t. III, n° 971, p. 357.

tiplie les richesses, constitue la source la plus féconde du progrès, ce que reconnaissent même ses adversaires (1), et profite ainsi à la société toute entière.

Nous établirons par la suite qu'aucun des autres griefs adressés au droit de propriété individuelle n'est fondé ni en raison ni en équité. Nous démontrerons notamment que le socialisme, bien loin de faire œuvre de justice en voulant abolir la propriété individuelle, commet une iniquité révoltante. N'est-il pas souverainement injuste de refuser à l'homme la jouissance d'une terre qu'il a souvent arrosée de ses sueurs, et qu'en tous cas il a faite sienne en lui consacrant, lui-même ou ses aïeux, ses talents, sa fortune et toute son énergie? A ce point de vue encore, la propriété individuelle, non seulement n'est pas une iniquité, mais est bien une œuvre de justice sociale.

A tous les arguments que nous venons de développer prouvant que les inégalités actuel-

____

(1) De Laveleye, p. 30.

les ne sont pas inhérentes à la propriété individuelle, spécialement à la propriété foncière, nous devons ajouter toute une série de considérations que les écrivains socialistes laissent volontiers dans le vague (1). Nous voulons parler des inégalités sociales qui seront produites par l'avènement du socialisme lui-même, et existeront alors que toute propriété individuelle sera abolie. Nombreuses seront les inégalités inhérentes à la constitution de cette Cité future, de cette Salente idéale, mirage décevant créé pour les foules.

Imaginons un instant que le *Grand Soir* rêvé par les socialistes soit arrivé. La propriété privée de la terre est abolie, la terre entière, sur toute la surface du globe, est la propriété collective du genre humain, sans acception de races et de nations. Chaque être humain, ayant un droit égal sur la jouis-

---

(1) Il est très curieux de voir avec quelles difficultés et quelles hésitations les partisans du socialisme des diverses Ecoles, laissent entrevoir l'organisation de la société qu'ils rêvent. Voir sur ce point : Jean Jaurès, préface. H. Brissac, *La Société collectiviste*. (Imp. de la *Petite République*, 3ᵉ éd.). Voir notre Introduction.

sance de la terre, il est injuste que le socialisme ne soit établi que sur une seule fraction du globe terrestre. L'Esquimau, le Patagon, le Chinois, le nègre de l'Afrique a les mêmes droits que le blanc, qu'il soit Français, Anglais, Russe, Américain, Allemand. Mais comme obligation corrélative de ce droit, chaque être humain est astreint à travailler, dans une proportion et suivant des règles (qui sont encore à trouver); il reçoit pour prix de son travail, un salaire quotidien calculé, soit sur l'importance, la durée, ou la qualité de ce travail; soit sur les besoins de l'ouvrier, soit sur toute autre base (également à trouver). En effet les diverses écoles socialistes n'ont pu encore se mettre d'accord sur la loi de répartitions des salaires (1).

Les uns appliquent la maxime: à chacun selon ses œuvres. Par suite le salaire serait calculé au prorata du travail. Formule équitable quant à l'individu, mais qui est la négation de toute égalité sociale. D'autres

---

(1) Paul Leroy-Beaulieu, t. IV, p. 716.

disent : à chacun selon ses besoins. Cette autre formule présente une apparence d'humanité et de justice, mais elle permet aussi des inégalités et ouvre en tous cas la voie à l'arbitraire. Enfin d'autres déclarent que tous les hommes ayant une égalité de droits doivent avoir une égalité de salaires. Sous le masque d'une rigide égalité, ce système cacherait une odieuse injustice, puisqu'il ne tiendrait compte, ni du talent, ni de l'intelligence, ni de l'habileté professionnelle, ni de la science, et qu'il donnerait le même salaire à tous indistinctement, au paresseux comme au travailleur, à l'imbécile comme à l'homme intelligent. Aucun de ces systèmes, ni aucune des diverses autres combinaisons socialistes (1), ne créent véritablement l'égalité

------

(1) Voir notamment pour ces divers systèmes socialistes : Benoît Malon, *Le socialisme intégral*, t. Ier, p. 301 et 307. Henri George, *Progrès et pauvreté, ut supra*, p. 316 et suiv. Georges Renard, *Le régime socialiste*, p. 35 et 36. — H. Brissac, *La Société collectiviste*, préface de J. Jaurès, pp. 22, 23. (Impr. de la *Petite République*, 3e éd.) — Schæffle, *La quintessence du Socialisme*, trad. de Benoît Malon. — Jules Guesde, *Collectivisme et révolution*, p. 26. — *Essai de catéchisme socia-*

et la justice ; ils sont manifestement impuis-
sants à supprimer les inégalités physiques,
intellectuelles et morales inhérentes à la nature humaine.

La plupart des écrivains socialistés admettent que chacun serait au moins propriétaire
de son salaire ou du produit de son travail (1).
En conséquence, il est facile de comprendre
que l'égalité serait bien vite illusoire, puisque d'après le caractère économe ou prodi-
gue de chaque individu, l'inégalité des fortunes serait bientôt reconstituée, dans cette

---

liste, p. 55 et suiv. — Herckeurath, *Revue d'Economie politique*, 1901, p. 799 et suiv. Conf. Karl Marx, *Le capital, ut
supra*, p. 107. — On lira avec intérêt l'exposé et la réfutation de ces diverses théories dans les ouvrages suivants :
Paul Leroy-Beaulieu, t. IV, p. 716 et suiv. *Le collectivisme,
examen critique du nouveau socialisme, passim.* Cauwès,
t. III, n° 986, p. 380. *Nouveau dictionnaire d'Economie politique*, v° *Socialisme* d'Eichtal. A. Fouillée, *La Déclaration
socialiste des droits.* — *Revue des Deux-Mondes* du 15 août
1908, p. 811 et suiv., voir *supra*, livre I.

(1) Henri George, *Progrès et pauvreté, ut supra, passim*
et notamment p. 316 et suiv. — Georges Renard, *Le régime
socialiste*, p. 35 et 36. — Toutefois Jules Guesde, *Essai de catéchisme socialiste*, p. 57 et suiv. ne reconnaît pas, même
dans ce cas, un droit de propriété, mais seulement un
usufruit conditionnel et limité.

cité de l'avenir, d'où la propriété foncière individuelle serait proscrite (1).

D'autres inégalités sociales, bien plus odieuses encore, seraient nécessairement produites par la réalisation des divers systèmes socialistes, de quèlque nom qu'on les décore. En effet, ainsi que nous l'avons exposé précédemment, presque tous les coryphées des diverses écoles socialistes posent, comme principe que dans la Cité future, tous les hommes ayant droit aux produits du travail, tous doivent être astreints à ce travail par une obligation égale et rigoureuse. Ainsi il y aurait une corrélation absolue entre l'obligation au travail et le droit au salaire. Comme conséquence, il faudrait donc que chaque être humain fournit la somme de travail qui lui serait assignée pour avoir droit à sa part dans la collectivité. Mais pour obtenir de chaque être humain, ce travail obligatoire, exécuté de la manière et dans les conditions prescrites, il faudra nécessairement une puis-

---

(1) Paul Leroy-Beaulieu, t. IV, p. 720 et suiv. Cauwès, t. III, n° 968, p. 353.

sante autorité, une rigoureuse surveillance, un contrôle incessant, de sévères pénalités contre les délinquants (1). On voit l'énormité de la thèse collectiviste et de toute thèse socialiste, en général : ce sont les travaux forcés appliqués à l'humanité toute entière, c'est l'esclavage antique rétabli au profit de la collectivité ou de l'Etat socialiste. En effet pour constituer cette armée du travail, embrassant tout le genre humain, il faudra nécessairement une hiérarchie, des chefs, ou plutôt des gardes-chiourmes (les Omniarques) pour régenter les travailleurs. Ainsi la moitié de l'humanité commandera à l'autre. Ainsi toute liberté sera abolie, et l'égalité sera né-

---

(1) Nous ne nous arrêterons pas à discuter les impraticables rêveries du travail attrayant, de la rotation du travail etc..., ni à ces idées, si contraires à la réalité des faits : que l'homme serait essentiellement un être adorateur passionné du travail. — A. Fouillée, *La Déclaration socialiste du Droit, Revue des Deux-Mondes* du 15 août 1908, p. 818 et suiv. — On peut voir de curieux exemples de la très sévère contrainte à laquelle les Péruviens étaient soumis, sous la domination des Incas qui avaient institué une sorte de socialisme (de Laveley, *de la propriété*, p. 321 et suiv.)

cessairement rompue aussitôt que proclamée.

Pour bien montrer que nous n'inventons rien, voici ce que nous lisons dans la Société collectiviste de H. Brissac, (p. 22) approuvée et appuyée par J. Jaurès : « Le travail par le « fait sera obligatoire pour tous, excepté pour « les enfants, les malades, les invalides, les « hommes et les femmes à partir d'un certain « âge (disons 55 ans). Chacun sera donc dé- « biteur envers la Société d'un certain nom- « bre d'heures de travail par jour... Le tra- « vail ne sera pas obligatoire législativement « (sauf pour fonctions rudes et répugnantes), « mais le travail sera obligatoire par le fait « puisque ceux qui refuseraient mourraient « de faim... » (p. 22 et 25). — En réalité, quoi qu'on en dise, le travail serait bien obliga- toire, sous l'astreinte d'une loi pénale, car celui qui refuserait de travailler nuirait aux intérêts sociaux, il commettrait un délit con- tre les prétendus droits de la collectivité.

Dans un fragment attribué à Lamennais (1),

---

(1) Dans plusieurs passages, Lamennais critique avec non moins d'énergie les divers systèmes socialistes (no-

cet auteur dépeint très exactement la société
collectiviste ou socialiste : « Voilà tous ces
« gens à l'œuvre. Qui les dirigera, qui les
« surveillera ? Qui saura de quelle manière
« chacun d'eux remplit sa tâche ? Qui recueil-
« lera les produits ? Qui les échangera ? Qui
« les vendra ? Car une partie devra payer par
« le commerce à l'étranger. Qui touchera le
« prix de vente ? Qui le distribuera ? Il fau-
« dra autant de surveillants, autant d'agents
« du pouvoir que de travailleurs réels. Et
« qu'est-ce que tout cela sinon l'esclavage
« antique ? Une classe de maîtres ordonnant,
« administrant, n'importe au nom de qui, et
« une classe de machines employées à la pro-
« duction ».

En résumé, l'abolition de la propriété individuelle et l'établissement du socialisme,
sous quelque forme que ce soit, ne feront pas
régner les principes de justice ; non seulement

---

tamment, *Œuvres inédites*, Blaize-1866, Dentu éd.) t. II,
p. 206 et 207. *Œuvres posthumes*, (Forques, 1864, Didier éd.)
T. II, p. 496 et suiv. — A. Fouillée, *La déclaration socialiste
des droits. Rev. des Deux-Mondes*, 15 août 1908, p. 828.

elles ne supprimeront pas les inégalités sociales, mais elles en créeront d'autres plus dures que celles qui existent actuellement. En présence de ces conséquences d'une logique indiscutable, on comprend l'extrême réserve des socialistes sur l'organisation de la cité future (1). A ce point de vue, il est indiscutable que le socialisme établit la plus tyrannique inégalité entre les chefs ou omniarques et les travailleurs véritables esclaves. Mais si l'inégalité existe entre ces deux classes d'hommes comprenant l'humanité toute entière, l'égalité la plus absolue devra régner dans la classe des travailleurs, de beaucoup la plus nombreuse. Là nul ne devra dépasser l'autre, c'est l'*homme moyen* en toutes choses qui seul sera admis dans la société collectiviste : aucune supériorité ne sera admise, ni physique, ni morale, ni intellectuelle, aucune initiative privée ne sera tolérée, personne ne devra être plus habile, plus intelligent que son voisin, ni vouloir être plus

---

(1) V. notamment : préface de J. Jaurès. H. Brissac, *La Société collectiviste*. Voir notre Introduction.

indépendant, plus riche. Tous esclaves, ils devront passer sous le niveau socialiste ; les omniarques eux-mêmes devront logiquement être soumis entre eux à cette loi. L'asservissement socialiste pèsera sur tous, asservissement tel qu'on peut le comparer au caporalisme prussien. Les malheureuses populations des départements envahis, soumises pendant la guerre au joug allemand peuvent donner une idée de cet odieux asservissement (1).

Cette égalité dans l'abrutissement qui ne permet l'éclosion d'aucune supériorité, cette négation de toute liberté, conséquence de la suppression de la propriété individuelle et de toute initiative privée, ces caractères distinguent essentiellement le socialisme de toutes les autres doctrines, de la Démocratie notamment. En effet la Démocratie a pour principe fondamental : l'égalité des droits et la libre concurrence. « Dans cette concurrence, qui « peut triompher, sinon les plus capables, « c'est-à-dire ceux possédant certaines apti-

---

(1) Il est curieux de constater comment les compatriotes de Karl Marx régentèrent les travaux en commun.

« tudes plus ou moins dues à l'hérédité et
« toujours favorisées par l'éducation et par la
« fortune?... Les institutions démocratiques
« sont surtout avantageuses pour les élites
« de toutes sortes, et c'est pourquoi ces élites
« doivent les défendre et les préférer à tous
« les autres régimes » (1).

----

(1) Dr Le Bon, *Psychologie du Socialisme*, p. 305.

CHAPITRE III

LA PROPRIÉTÉ INDIVIDUELLE
N'EST PAS CONTRAIRE AU DROIT NATUREL

Nous venons d'établir que la propriété individuelle n'est pas l'unique ni même la principale cause des inégalités sociales, et qu'elle n'est pas contraire aux principes de justice. Nous allons démontrer maintenant que la propriété individuelle est conforme au droit naturel. Dans les divers systèmes socialistes, dans le système du socialisme collectiviste notamment, on conteste la légitimité de toute prise de possession de la terre, et l'on proclame, comme un principe fondamental, que l'occupation, même exempte de violence ou de dol, ne peut justifier le droit de propriété individuelle du sol. Le motif invoqué est que l'occupation ne peut s'appliquer légitimement qu'aux objets susceptibles d'appropriation privée ; or, la terre, ou plutôt ses facultés productrices, ne pourraient constituer une propriété individuelle exclusive.

Pour justifier cette proposition, on dit que la terre, ou plutôt ses facultés productrices et spontanées, existant en dehors de tout travail, sont aussi indispensables à l'homme et aussi peu susceptibles d'appropriation exclusive et individuelle, que l'air ou que la lumière, que la chaleur du soleil ou que la force du vent. Aucun être humain ne peut donc être privé de la jouissance de la terre. La grande cause, dit-on, de l'inégalité dans la distribution des richesses, c'est l'inégalité dans la possession de la terre. La propriété de la terre est donc le grand fait fondamental. « La terre est l'habitation de l'homme, le magasin dans lequel il doit puiser pour satisfaire tous ses besoins, la matière première que doit transformer le travail pour satisfaire à tous ses désirs; car les produits mêmes de la mer ne peuvent être pris, on ne peut jouir de la lumière du soleil, on ne peut utiliser aucune des forces de la nature, si l'on n'a pas l'usage de la terre et de ses produits. Nous naissons sur la terre, nous vivons d'elle, nous y retournons, nous sommes les enfants du sol comme le brin d'herbe ou la fleur. Enlevez à l'homme tout ce qui appartient à la terre, et il ne sera plus qu'un esprit sans corps. » (1) Le sol ne peut donc être propriété exclusive et individuelle.

Nous verrons par la suite qu'on prétend aussi que la terre n'étant l'œuvre de personne, ne peut appartenir individuellement à personne : mais nous démontrerons que cette thèse spécieuse constitue un pur sophisme et qu'il est complètement faux de dire que le travail est le seul fondement du droit de propriété.

Nous examinerons dès maintenant, l'argument qui consiste à dire que la terre n'est pas plus susceptible d'appropriation privée que l'air, la lumière, la chaleur du soleil ou la force du vent ; d'où l'on conclut que la main-mise du premier occupant, même exempte de vol ou de violence, serait nécessairement vicieuse.

---

(1) Henry George, *Progrès et pauvreté*, traduction de P. L. Le Monnier, p. 282. (Guillaumin, éd. 1887.) — De Laveleye, préface de la 1re éd. p. XXIX.

Cette assimilation entre le droit sur le sol et le droit que l'on a sur l'air, la lumière, etc. contient une erreur manifeste. Cela résulte, non seulement de la nature essentiellement différente de ces éléments, mais aussi du mode dissemblable de s'en servir, résultant de la dissemblance de leur nature. L'air, la lumière, la chaleur du soleil, la force du vent sont utilisés par chacun, sans qu'il en résulte aucune appropriation exclusive, même momentanée, au détriment des autres hommes. Lors au contraire que je me sers du sol, de la terre, d'une façon quelconque, en fait, il y a toujours et nécessairement une occupation ou appropriation au moins momentanée à mon profit, occupation ou appropriation exclusive du droit des autres, sur la parcelle que j'occupe, quelque minime, quelque précaire, quelque fugitive que soit cette appropriation, possession ou occupation de pur fait (1).

Où je pose le pied, personne autre que moi ne peut y mettre le sien, personne autre que

____

(1) Paul Leroy-Beaulieu, t. Ier, p. 540. — Demolombe, t. IX, n° 536, p. 455.

moi ne peut se servir de cette minime parcelle de terre. Donc je possède incontestablement en fait et à l'exclusion de tous autres,
pendant un temps quelconque, pendant un
instant de raison, l'espace de terre que cou-
vre mon pied. De même personne autre que
moi ne peut labourer où je laboure, semer où
je sème, planter où je plante, construire où
je construis, simultanément avec moi et sur
le même point; (1) et si, comme le dit Henry
George, nous sommes les enfants du sol,
comme le brin d'herbe ou la fleur, ce n'est
que, mais à un degré moindre que le brin
d'herbe, par une prise de possession exclusive

---

(1) Les considérations philosophiques et de pur fait que
nous émettons sont étrangères aux conceptions juridiques
de la copropriété, de l'indivision et des diverses modes
de société. Mais en ce qui concerne la copropriété, il est
admis que les parts de chaque copropriétaire sont idéa-
les et ne constituent pas des corps certains ; aucun copropriétaire ne peut sans le consentement de ses consorts,
exercer, sur la totalité de la chose commune, ni même
sur la moindre partie physiquement déterminée, des actes
matériels ou juridiques emportant exercice actuel et immédiat du droit de propriété (Aubry et Rau, t. II, p. 406 § 221.
— *Répertoire général du droit français*, Fuzier-Hermann,
v° Copropriété.)

du sol sur la parcelle occupée. Cette compa-
raison se retourne ainsi contre son auteur.
Donc dans son essence, dans sa nature, la
terre, bien loin de n'être susceptible que
d'une possession collective, ne peut être utilisée en principe, que par une possession ou
occupation individuelle et exclusive; ainsi la
terre est naturellement susceptible d'appropriation privée. Donc la prise de possession
du premier occupant, non seulement n'est
pas nécessairement vicieuse, mais est, en
principe, conforme au droit naturel.

Mais, dit-on encore, le sol est aussi indispensable que l'air à la vie, on ne peut donc
en priver aucun être humain, ce serait un
crime aussi abominable que de priver un
homme de la vie ou de la liberté (voir *supra*).
Légitimer le droit de propriété par l'occupation, c'est donc admettre, du moment où on le
généralise, qu'une partie de l'humanité (les
non-propriétaires) pourrait être exclue du
globe terrestre (1).

---

(1) D'après Herbert Spencer, cité par M. de Laveleye,
p. 539, si toute la surface habitable du globe devenait pro-

Tout système poussé à l'absurde peut arriver à des conséquences inadmissibles, conséquences qui, en l'espèce, sont absolument chimériques. Nous savons que le socialisme collectiviste n'en est pas exempt. Ainsi sous ce régime, on pourrait aboutir à de pareilles inconséquences. Nous avons vu (*supra*) que le droit à la jouissance collective est, en principe, corrélatif au travail : il en résulte logiquement que celui qui n'aurait pas établi cette corrélation, n'aurait aucun droit ; ainsi, dans la rigueur des principes collectivistes, serait implacablement exclu de l'humanité entière pliée sous le joug collectiviste, celui qui n'aurait pas établi son droit corrélatif à un travail réellement effectué (1).

---

priété exclusive de certaines familles, ceux qui ne seraient pas propriétaires n'auraient aucun droit à occuper une place sur la terre, et ils pourraient être expulsés définitivement de ce monde où ils n'existeraient qu'avec le consentement des propriétaires. Ces auteurs en concluent que la propriété exclusive du sol viole le principe de la liberté égale pour tous.

(1) Paul Leroy-Beaulieu, *Le collectivisme, examen critique du nouveau socialisme*, p. 160. — Maurice Block, *Les progrès de la science économique*, t. Ier, p. 483.

D'ailleurs, étant admis que la terre est aussi indispensable que l'air à la vie, dans nulle opinion on n'a entendu en priver un être humain quelconque. A la différence de l'air, le sol peut être utilisé de diverses manières, en vertu de droits multiples et différents, sa jouissance peut revêtir beaucoup de formes. Sous la législation actuelle de tous les peuples civilisés, l'existence du droit de propriété privée individuelle n'empêche pas que l'on puisse jouir du sol de bien d'autres manières : ainsi à titre précaire, comme usufruitier, locataire, fermier, métayer, colon partiaire, etc. Même poussé à l'absurde, le système de la propriété individuelle ne pourrait, comme on l'a prétendu, mettre les non-propriétaires dans l'impossibilité de résider sur la terre. En effet jamais personne n'a dit que les propriétés privées individuelles existaient seules, à l'exclusion de propriétés publiques. Au contraire, dans toutes les législations, à côté des propriétés privées individuelles, il y a les propriétés publiques. Or ces dernières, par essence, sont à la disposition du public, c'est-à-dire de tous, propriétaires et non-propriétaires. Dans toutes les nations du monde civilisé, il existe des refuges et des institutions de secours qui tendent de plus en plus à se généraliser ; de telle sorte que l'hypothèse invraisemblable que nous combattons ne pourrait jamais en fait se réaliser, et en droit serait impossible. La prise de possession, l'occupation du sol à titre privatif n'a jamais été et ne sera jamais un fait universel ; c'est une hypothèse purement chimérique, à laquelle aucun esprit sérieux ne peut s'arrêter.

Sans donc envisager des hypothèses absolument invraisemblables, ce que nous devons retenir c'est la déduction logique, tirée de la nature du droit de propriété immobilière. Ce droit ne peut être exercé qu'à titre privatif et exclusif, puisqu'il est impossible que deux ou plusieurs hommes puissent matériellement détenir et exploiter la même parcelle de terre, simultanément, ensemble, sur le même point. La possession et par suite la propriété de la terre ont donc nécessairement et naturellement un caractère exclusif et privatif.

En résumé, on doit conclure que l'appropriation individuelle du sol, bien loin d'être injuste et contraire à la nature des choses, est conforme aux principes de la véritable justice et aux règles du droit naturel, (voir au surplus : *infra*, livre III, ch. 2).

CHAPITRE IV

LA PROPRIÉTÉ INDIVIDUELLE
N'EST PAS CONTRAIRE AU DROIT ORIGINAIRE
ET TRADITIONNEL

Un autre argument que l'on invoque contre la propriété individuelle est celui-ci : ce droit n'est pas conforme au droit traditionnel et primitif de l'humanité, car à l'origine la propriété du sol a un caractère collectif. Dans ces temps reculés, dit-on, le droit de propriété individuelle n'existait qu'exceptionnellement, les terres étaient ordinairement propriétés collectives. On obéissait ainsi à un sentiment d'égalité inné dans l'âme humaine. De savantes dissertations ont été faites pour l'établir (1).

---

(1) P. Viollet, *Caractère collectif des premières propriétés immobilières*, Bibliothèque de l'Ecole des Chartes, t. XXXIII, pp. 460, 491 et suiv. — *Précis de l'histoire du Droit français* 1886, p. 471 et suiv. — Herbert Spencer, *Principes de sociologie*, trad. Cazelles et Gerschel, F. Alcan, éd. 1887, t. II § 292, p. 253 ; t. III, § 536 p. 717 et suiv. p. 719 et suiv. — De

D'après ces ouvrages, le droit naturel condamnerait le régime de l'appropriation individuelle. L'antiquité grecque et romaine n'a pas considéré la propriété individuelle comme dérivant du droit naturel, mais bien plutôt a envisagé la propriété collective comme ayant existé aux premiers âges de l'humanité. Même les écrivains et les poètes en ont formé un idéal, sous le nom d'Age d'or (1).

Dans toutes les nations du globe, on re-

Laveleye, *De la propriété et de ses formes primitives*, Paris, F. Alcan, éd. 1901. On peut dire que ce dernier ouvrage tout entier a pour but de démontrer que la propriété collective est antérieure à la propriété individuelle, et seule conforme au droit naturel. Quelque savants que soient ces ouvrages, ils ont le tort de confondre trop souvent la propriété collective absolue comme l'entendent de nos jours les socialistes collectivistes, avec la propriété de la tribu ou de la famille. Nous verrons qu'une pareille confusion est inadmissible.

(1) De Laveleye, p. 361 et suiv. p. 383.

Ainsi Virgile, dans les *Géorgiques*, s'exprime ainsi :

Ante Jovem nulli subigebant arva coloni,
Nec signare quidem aut partiri limite campum
Fas erat : in medium quærebant ; ipsaque tellus
Omnia liberius, nullo poscente, ferebat.

Géorgiques, L. I, 125.

trouve à l'origine cette idée de propriété collective. Ainsi notamment, l'ancienne Germanie admettait le régime de la propriété collective avec partage périodique des terres. On se fonde, pour l'établir, sur deux citations célèbres, l'une de César (1), l'autre de Tacite (2). En Grèce, la propriété de la terre aurait eu, en règle générale, un caractère collectif, et même à Rome, où le droit de propriété avait cependant tant d'énergie, l'*ager publicus* était considérable (3).

Bien plus, la propriété collective persistant à travers les âges, se retrouve dans les temps plus modernes et même encore actuellement dans un grand nombre de nations (4).

En Russie, l'institution du *Mir* ou communauté de village présentait le caractère de

---

(1) César, *Commentaires de la guerre des Gaules*, livre VI, n° XXII, de Laveleye, p. 78 et suiv. — P. Viollet, *Précis de l'histoire du droit français*, p. 471 et suiv.

(2) Tacite, *Mœurs des Germains*, XXVI. Voir les auteurs précités.

(3) De Laveleye, p. 388 et suiv. p. 395 et suiv.

(4) P. Viollet, Bibliothèque de l'Ecole des Chartes, t. XXXIII, p. 460. *Précis de l'histoire du droit français*, p. 471. — De Laveleye, *passim*. Herbert Spencer, t. III, *ut supra*.

propriété collective analogue aux propriétés primitives (1).

On entendait par *Mir* l'ensemble des habitants d'un village, possédant en commun le territoire qui y est attaché. En principe, chaque habitant mâle et majeur a droit à une part égale des terres dont le *Mir* est propriétaire. Seule la maison (Izba), le terrain où elle est construite et le jardin attenant forment une propriété privée héréditaire ; cependant le propriétaire ne peut vendre sa maison et le terrain y attenant, à une personne étrangère au *Mir*, qu'avec le consentement des habitants du village, qui peuvent

---

(1) L'expression : « *Mir* », est assez souvent employée dans un sens général. Cependant, d'après M. Bourdeau, (*Le Tzarisme et les partis révolutionnaires, Revue des Deux-Mondes*, du 15 juin 1906, p. 761 note 1.) le terme « *Obchtchina* » devrait être admis de préférence au mot « *Mir* », pour désigner la commune rurale : *Mir*, n'indiquant pas, en soi, la propriété communautaire.

La révolution russe a été causée uniquement dans un but de confiscation socialiste au profit des paysans. Voir sur le Socialisme russe et son caractère particulier : *Revue des Deux-Mondes*, 15 novembre 1919, p. 277, *Le règne de Lénine* par le baron Boris Nolde.

toujours exercer un droit de préférence (1).

Assez analogue au *Mir* russe est la communauté de village ou « Dessa » de Java, et là encore on voit la persistance, à travers les siècles de la propriété collective originaire (2).

La « Marke » germanique, surtout les « Allmenden » de la Suisse et de l'Allemagne méridionale, présentent aussi le caractère de propriétés collectives (3).

Enfin, sans avoir à examiner les traces de propriétés collectives, existant chez diverses autres nations, il nous suffira de dire qu'on recherche à rattacher au même principe, bien à tort suivant nous, les communautés de famille, telles qu'elles existaient en France, au moyen âge (4), telle encore que la « Zadruga » bulgare et les communautés de fa-

---

(1) Voir sur l'organisation du « *Mir* » russe : de Laveleye, p. 7 et suiv. — Anatole Leroy-Beaulieu, *L'Empire des Tzars et les Russes*, 4ᵉ éd. Paris, 1897-1898. — *Rép. gén. du Droit français*, vᵒ Russie, nᵒˢ 1, 91, 242 et suiv. — Paul Bureau, *La propriété foncière, dans la Science sociale*, Demolins, octobre 1902, p. 342, 343.

(2) De Laveleye. p. 43 et suiv.

(3) De Laveleye, p. 78, 119, 166.

(4) De Laveleye, p. 496 et suiv.

millo des Slaves méridionaux (1), ou de divers autres peuples.

En résumé, de ce que la propriété aurait eu un caractère commun ou collectif à l'origine, de ce que ce caractère aurait persisté à travers les siècles dans un certain nombre de nations, on conclut que le caractère originaire et naturel du droit de propriété est d'être collectif.

Nous croyons que cette thèse est beaucoup trop générale et manque d'exactitude.

Dire que c'est une idée de justice et d'égalité, un sentiment moral et religieux, qui ont présidé à l'établissement primitif de la propriété collective, et que par suite elle constituait un régime normal et naturel (2), c'est méconnaître singulièrement l'état d'âme des peuples de l'antiquité, et la réalité des choses.

En effet on peut poser, comme règle générale, que dans l'antiquité, si l'idée d'égalité

---

(1) De Laveleye, p. 463 et suiv. — P. Bureau, *ut supra*, p. 351. — Herbert Spencer, t. III, *ut supra*.

(2) De Laveleye, p. 6, p. 537 et suiv.

entre les hommes perçait parfois dans les écrits des penseurs, cette égalité n'existait en fait et en droit chez aucun peuple. En premier lieu, l'institution de l'esclavage, admise universellement et donnant à une partie de l'humanité un droit de propriété absolue sur le reste des hommes, était exclusive de toute idée d'égalité. Même entre hommes libres, l'égalité telle que nous l'entendons actuellement, n'existait pas entre les membres d'une même nation, d'une même cité, d'une même tribu ; bien au contraire, tous étaient soumis à une hiérarchie étroite, qui avait un caractère, ou militaire, ou aristocratique, ou sacerdotal (1).

Les Germains eux-mêmes ne paraissent pas avoir suivi le principe de l'égalité. En tous cas, dans un passage de Tacite que nous examinerons, on voit que chaque tribu en masse,

---

(1) Voir notamment : Fustel de Coulanges, *La cité antique*. En ce qui concerne les barbares, la subordination d'homme à homme était le système le plus ordinairement suivi et l'on y voit l'origine des rapports de vassal à suzerain, de l'époque féodale. (Guizot, *Histoire de la civilisation en Europe* 1856, Paris, Didier éd. 2ᵉ leçon ; *Essais sur l'histoire de France*, IVᵉ Essai, chap. II.)

occupe tour à tour le terrain qu'elle peut cultiver, et le partage proportionnellement au rang et à la dignité (*inter se secundum dignationem partiuntur*) (1). L'égalité n'était donc pas la base de ces partages. D'ailleurs si c'était un prétendu système égalitaire qui avait inspiré cette première organisation de la propriété, ce système aurait pu et dû s'appliquer aussi bien à l'habitation et à ses dépendances, car il eût été injuste que l'un ait une habitation individuelle, alors qu'un autre n'en ait pas, que l'un ait une maison ou un terrain plus grand et que l'autre en ait de plus petits. Or chez la plupart des peuples, l'habitation et le terrain qui l'entourait étaient propriété privée (2).

Enfin on peut affirmer que la propriété collective, telle que les socialistes l'entendent actuellement n'a jamais existé. Comme le dit

---

(1) Tacite, *Mœurs des Germains*, XXVI. — Traduction de M. P. Viollet, d'après Burnouf, *Précis de l'histoire du droit français*, p. 472. — C'est ce que reconnaît M. de Laveleye, p. 408.

(2) Paul Leroy-Beaulieu, t. I, p. 557, 563. — M. de Laveleye, p. 408, constate lui-même que du temps de Tacite et même de César, l'égalité chez les Germains n'était pas absolue.

M. Paul Leroy-Beaulieu (1), la communauté de la terre est un simple rêve qui n'a jamais eu aucune réalisation historique : aussi loin qu'on puisse remonter, la terre a toujours appartenu, d'une façon divise, soit à des clans ou tribus, soit à des familles, soit à des individus. La propriété de la tribu ou de la famille n'avait de caractère collectif qu'entre les membres qui la composaient, mais elle était une propriété absolument exclusive à l'égard de tous autres, plus absolue, plus exclusive même, que la propriété privée telle que nous l'entendons de nos jours. Est-il besoin de rappeler les combats et les guerres incessantes entre tribus ou familles voisines que l'histoire nous montre, dès les origines ? guerres et combats qui n'avaient souvent d'autre motif que la possession des terres.

De ce que nous avons exposé précédemment, il ressort que ce n'est pas une idée d'égalité entre les hommes qui a nécessairement présidé à l'organisation primitive de la pro-

---

(1) Paul Leroy-Beaulieu, t. I, pp. 539, 543, 544, 555 et suiv.

priété collective des terres entre les membres d'une même famille, ou d'une même tribu.

La propriété n'a été ainsi collective que par suite des nécessités sociales, et dès que ces nécessités ont disparu, la propriété individuelle s'est imposée (1).

La propriété collective a régné principalement parmi les peuples nomades, tels que les peuples chasseurs et les peuples pasteurs parcourant de vastes territoires : c'était tantôt des forêts, tantôt des pâturages naturels, tantôt des terres presque incultes, sur lesquels on recueillait de maigres récoltes. Ainsi, en règle générale, là où règne la propriété collective, la culture de la terre par l'homme est nulle ou presque nulle. L'un s'explique par l'autre : du moment où l'homme ne fait aucun travail appréciable sur le sol, du moment où il ne s'identifie aucune parcelle de ce sol par un acte personnel et exclusif, il n'y a pas de raison pour lui reconnaître un droit de

____

(1) D'après *M.* Block, (*Le socialisme moderne,* Hachette, éd. 1891, p. 114 et 115) l'appropriation individuelle de la terre serait ainsi devenue une nécessité.

propriété exclusif et individuel. D'autres raisons expliquent d'une part la nécessité de la propriété collective, d'autre part l'impossibilité de la propriété individuelle s'appliquant à la terre : l'état vierge du sol, l'ignorance des procédés de culture, une certaine insouciance, l'absence de capitaux, et aussi la nécessité d'un état de guerre presque continuel, expliquent le caractère collectif de la propriété du sol chez certaines nations de l'antiquité. Nous verrons que la plupart de ces raisons s'appliquent encore de nos jours.

Ainsi sur ces propriétés collectives, ce sont des peuples pasteurs qui se contentent de pâturages naturels, sur lesquels ils ne font aucune impense et où ils se bornent à faire paître leurs troupeaux, ou bien si les habitants recueillent quelques récoltes, ils n'excitent pas par leur travail la fertilité de la terre, selon l'expression de Tacite ; l'étendue des terres en tient lieu, ils ne fument pas le sol, n'y font pas d'amendements, ni aucune impense appréciable.

Les Germains, tels que nous les dépeignent César et ensuite Tacite, vivaient sur des terres qu'ils ne possédaient pas en propre, et où ils ne se livraient qu'à une culture rudimentaire, ou à l'élevage des troupeaux, ou encore à la chasse. De César à Tacite un progrès s'était réalisé : en effet Tacite constate que de son temps l'habitation (et peut-être aussi le terrain qui l'entoure) constitue une propriété privée (1).

---

(1) Voici ces textes de César et de Tacite qui ont donné lieu à de nombreuses controverses :

César, (*Commentaires*, Livre VI, n° XXII) s'exprime ainsi : « Agriculturæ non student : majorque pars victus eorum in lacte, caseo, carne consistit : neque quisquam agri modum certum aut fines habet proprios ; sed magistratus ac principes in annos singulos gentibus cognationibusque hominum, qui una coierunt, quantum, et quo loco visum est, agri attribuunt, atque anno post alio transire cogunt. Ejus rei multas afferunt causas : ne, assidue consuetudine capti, studium belli gerendi agricultura commutent : ne latos fines parare studeant, potentioresque humiliores possessionibus expellant : ne accuratius ad frigora atque æstus vitandos ædificent ; neque oriatur pecuniæ cupiditas, qua ex re factiones dissensionesque nascuntur ; ut animi æquitate plebem contineant, quum suas quisque opes cum potentissimis æquari videat. » (Voir aussi, *Commentaires*, livre IV, I.)

Voici le texte de Tacite, *Mœurs des Germains*, XXVI : « Agri pro numero culturum ab universis in vices occupantur, quos mox inter se secundum dignatiónem par-

Plusieurs interprétations ont été données à ce texte pour expliquer comment les Germains changeaient de champs chaque année. D'après certains commentateurs, il se serait agi d'une distribution annuelle qui aurait fait passer les mêmes lots dans des mains différentes. Mais cette explication nous semble peu admissible, et ne pas concorder avec le texte lui-même qui dit formellement qu'après le partage, il restait des terres non utilisées. Nous croyons que l'interprétation donnée par M. Aucoc (1) est la seule exacte. La répartition se faisait par l'abandon annuel de tous les lots déjà cultivés. Cet abandon était motivé par la nature du sol, la rareté des engrais, l'in-

---

tiuntur, facilitatem partiendi camporum spatia præstant, arva per annos mutant, et superest ager, nec enim cum ubertate et amplitudine soli labore contendunt, ut pomeria conserant et prata separent et hortos rigent : sola terræ seges imperatur. Unde annum quoque ipsum non in totidem, digerunt species. Hiems et ver et æstas intellectum ac vocabula habent, auctumni perinde nomen ac bona ignorantur. » (Voir encore : *Mœurs des Germains,* XVI.)

(1) *La question des propriétés primitives,* (Pichon, éd. 1885, p. 9 et 10. — Belot, Nantucket, *Etude sur les diverses sortes de propriétés primitives,* (gr. in-8, Leroux, éd.)

suffisance des procédés et des instruments agricoles : en un mot on était obligé de laisser reposer la terre. Le système est encore employé de nos jours dans certaines régions (1) ; on peut en voir la trace dans le procédé des jachères ou plutôt des friches.

Dans toutes les hypothèses que nous venons d'examiner, la culture était très extensive et, de même que l'élevage des troupeaux, existant sur de vastes territoires, ne pouvait se pratiquer qu'en commun. C'était donc bien une nécessité sociale qui imposait la propriété collective comme conséquence de la culture et de l'exploitation de la terre en commun.

Quoi qu'on en dise, les nations les plus civilisées de l'antiquité, la Grèce et l'Italie, paraissent avoir toujours pratiqué la propriété privée individuelle, dès les temps les plus anciens, et n'avoir admis la propriété collective que par exception (2). L'*ager publicus*, chez

----

(1) Conf. de Laveleye, p. 80 et suiv.

(2) Fustel de Coulanges, *La cité antique*, Livre II, chap. VI. Paul Leroy-Beaulieu, t. I, p. 544. — Ce dernier auteur fait remarquer que le droit de propriété privée, en Chine, remonte à une époque très reculée, et que la Bible est

les Romains ne peut être considéré comme un premier essai de propriété collective. Quant aux temps fabuleux, à l'Age d'or des poètes, nous croyons que l'on ne peut faire sérieusement état de données aussi incertaines, où l'imagination se substitue à la vérité historique, et tout au moins colore d'une riante parure l'homme primitif, misérable et nu sur la terre sauvage. A quelle époque d'ailleurs, pourrait-on placer cet Age d'or ? Ce n'est certes à aucun moment de la période historique, que l'on voit régner ce socialisme idéal. Ce n'est pas non plus dans les temps préhistoriques, que s'est réalisé ce rêve soi-disant heureux de socialisme. La science préhistorique nous révèle en effet tous les jours, par des preuves indiscutables, à quel point l'homme primitif était misérable, et c'est certainement, dans ces temps lointains, que l'humanité a le plus souffert. Lors donc que l'on vient dire que les écrivains et les poètes de l'antiquité nous « peignent un état primitif de civilisation

---

pleine de passages témoignant de l'existence de la propriété individuelle, du moins pour certaines catégories de terres, dès la plus haute antiquité.

dont le souvenir s'était perpétué » (1), on affirme une erreur manifeste. Le socialisme de l'Age d'or doit donc être relégué au rang des inventions fabuleuses de la mythologie.

Nous avons vu qu'à l'origine, la propriété collective était souvent une nécessité. Si l'on fait un rapprochement avec les temps modernes, on voit les mêmes causes produire les mêmes effets. Que la nécessité de la propriété collective réside, soit dans les procédés rudimentaires de culture, soit dans la nature du sol ou dans son mode d'exploitation, on peut dire que du moment où ces causes disparaissent, les peuples adoptent avec empressement la propriété individuelle.

Qu'il s'agisse des pasteurs nomades des hauts plateaux de l'Asie centrale, des *aouls* de Tartarie, des Bachkirs de l'Oural, ou du *mir* russe (2), les terres servent au pâturage, ou

---

(1) De Laveleye, p. 370.

(2) Le Play, *Les ouvriers européens*, (Paris, impr. impériale.) — Paul Viollet, *Bibliothèque de l'Ecole des Chartres*, t. XXXIII, année 1872, p. 460. — De Laveleye, p. 7 et suiv. p. 26 et suiv.

ne sont cultivées que par des procédés primitifs ; il faut de grandes étendues pour obtenir un rendement à peu près suffisant, les capitaux font défaut pour mettre la terre en valeur, d'où la nécessité de la propriété collective.

Chez les peuples plus civilisés, c'est la nature du sol ou plutôt sa configuration géographique, qui font de la propriété collective une nécessité sociale. Ainsi lorsqu'il s'agit de pâturages ou de bois dans les hautes montagnes de la Suisse, on peut comprendre l'utilité de la propriété collective. Aussi trouve-t-on cette propriété sous le nom d'*Allmend*, tant en Suisse (1), où elle n'occupe d'ailleurs que la moindre partie du territoire (2), que dans l'Allemagne méridionale (3).

Parfois encore, c'est le caractère spécial de la culture qui nécessite l'indivision de la propriété. C'est ce qui se produit à Java où la *dessa* ou communauté de village, est motivée

____

(1) De Laveleye, p. 119 et suiv.

(2) Paul Leroy-Beaulieu, *Le collectivisme, examen critique du nouveau socialisme*, p. 140.

(3) De Laveleye, p. 167 et suiv.

par l'obligation où l'on se trouve de faire de grands travaux en commun pour la culture du riz, ainsi en établissant des canalisations d'eau sur de vastes étendues de territoire. Il s'agit, non de cultures variées comme en Europe, mais de cultures uniformes. Les résultats sont d'ailleurs fort intermittents et semblent décliner actuellement (1).

Dans tous ces cas, c'est une nécessité qui constitue la propriété collective, mais dès que cette nécessité disparaît, la propriété individuelle reprend tout son empire.

D'intéressantes remarques ont été faites à cet égard sur la constitution d'une petite colonie en Amérique (colonie de l'île de Nantucket), qui paraît avoir passé par les différentes phases des sociétés primitives. D'une part, ce n'est pas le sentiment de l'égalité, mais l'impossibilité de faire autrement, qui a conduit à laisser en commun des terres sans valeur, auxquelles l'état du sol ne permettait pas de demander plusieurs récoltes de suite. D'autre

____

(1) Paul Leroy-Beaulieu, *Le collectivisme*, p. 197. — Conf. de Laveleye, p. 43.

7

part, l'accroissement de la richesse mobilière
a entraîné la constitution de la propriété privée sur les terres devenues plus fertiles, et
de là est résulté l'inégalité des fortunes (1).

M. Aucoc (2) examinant cette question, fait
ressortir la situation de certaines tribus arabes de l'Algérie, où l'on reconnaît les modifications successives de la propriété immobilière : 1° Dans le Sahara et les hauts plateaux,
les Arabes vivent à l'état nomade, ils se livrent
à l'élevage des troupeaux, dans d'immenses
espaces dont les tribus n'ont pas bien fixé les
limites. 2° Dans les plaines du Tell, règne un
état demi-nomade. Les tribus sont nomades
sur un territoire limité, elles font la culture
des terres et l'élevage des bestiaux, mais habitent toujours sous la tente, et n'ont pas, dans
bien des cas, de cultures fixes, parce que le
soin des troupeaux entraîne la tribu à des dé-
placements ; elles défrichent par l'incendie
des broussailles et cultivent pour une année.

---

(1) Belot, Nantucket, *Etude sur les diverses sortes de propriétés primitives*, (gr. in-8°, Leroux éd.)

(2) *La question des propriétés primitives*, (Pichon, éd. 1885,
p. 14.)

3º Enfin près de la côte et des villes, les tribus, en contact plus fréquent avec les Européens, se livrent à la culture, à l'irrigation des terres et mènent une vie complètement sédentaire.

Sans déduire de ce qui précède que nécessairement la propriété collective a précédé la propriété individuelle, nous en concluons que, selon que la culture s'est perfectionnée, ou selon la nature et la configuration du sol, plus encore à mesure que la civilisation s'est développée, la propriété collective a disparu pour faire place à la propriété privée individuelle.

La substitution de la propriété individuelle à la propriété collective, est dans la logique des choses. En effet la raison en est facile à comprendre : du moment où un homme a fait dans le sol des impenses d'une certaine importance, par exemple en défrichements, amendements, fumures, constructions et travaux de toutes sortes, il est juste et logique que la partie du sol, ainsi améliorée ou transformée, ne soit plus à la collectivité, mais appartienne, à l'exclusion de tous autres, à l'auteur de ces travaux et impenses. La logique, l'équité et l'intérêt général bien entendu imposent cette solution.

C'est ainsi que nous sommes amenés à indiquer le rôle du travail dans l'appropriation du sol; mais cette question qui exige des développements importants fera plus loin l'objet d'un examen particulier (*infra* Livre III chapitre IIIe.)

Il nous suffira de dire actuellement que, si le travail justifie en partie le droit de propriété, il est bien loin d'être le seul mode de justification de ce droit, comme le prétendent les socialistes.

De l'exposé qui précède, il ressort cette étrange conclusion, que le socialisme, en voulant rétablir la propriété collective, sous le prétexte que c'est le droit originaire et naturel, fait rétrograder la civilisation et l'industrie humaine.

Songe-t-on en effet au pauvre idéal que le socialisme évoque, à la misérable existence qu'il propose comme modèle, comme type achevé. Les belliqueuses tribus de la Germanie, les sauvages nomades de la Tartarie et du Thibet, le « mir » russe, avec sa pauvreté, sont des prototypes peu séduisants de propriété collective. Les « allmenden » eux-mêmes, qui semblent d'ailleurs diminuer, ne donnent que de très modestes résultats. Bien souvent la propriété collective ne réalise même pas l'égalité entre les hommes, il en est ainsi notamment chez les peuples pasteurs : chacun n'a de jouissance que proportionnellement au nombre de têtes de bétail, et ceux qui n'en ont pas n'ont droit à rien (1).

Les exemples que l'on donne, bien loin d'établir la supériorité de la propriété collective sur la propriété individuelle, proclament son incontestable stérilité : la propriété collective n'empêche même pas la pauvreté (2). Aussi comprend-on que la propriété collective tende à disparaître. Pour ne citer que deux exemples : nous avons vu sous l'empire des Czars, le « mir » russe se transformer et s'effacer progressivement : les familles fortes l'emportaient

____

(1) Paul Leroy-Beaulieu, t. I, p. 556.
(2) *Id. Ibid.*, t. IV, p. 460.

de plus en plus sur les familles faibles (1). La Révolution intervenant a confisqué toutes les propriétés individuelles ; mais en établissant en fait la propriété collective elle a établi en même temps la plus effroyable misère.

Au Mexique, la propriété collective est supprimée par la loi du « Reparto » qui prescrit le partage des terres, en se fondant sur l'intérêt général (2).

En résumé, à ce point de vue, l'existence de la propriété collective chez certains peuples de l'antiquité ou des temps modernes, ne s'explique que par des nécessités sociales. Aussi s'empresse-t-on d'y substituer la propriété individuelle, du jour où ces nécessités sociales disparaissent. La propriété collective originaire n'est donc pas de droit naturel et tradi-

____

(1) Paul Leroy-Beaulieu, t. I, pp. 201, 557. — Un acte législatif avait d'ailleurs consacré en droit cette suppression.

(2) Pierre Leroy-Beaulieu, *Le Mexique au XXe siècle, Revue des Deux-Mondes,* du 1er décembre 1905, p. 623. — Conf. sur l'organisation de la propriété collective au Mexique, de Laveleye, p. 328.

tionnel ; elle n'a pas trouvé sa raison d'être dans un prétendu sentiment d'égalité. Nous avons vu au contraire que le droit de propriété individuelle naît d'un sentiment naturel inné dans l'homme.

CHAPITRE V

LA PROPRIÉTÉ INDIVIDUELLE NE PROVIENT PAS D'UNE PRISE DE POSSESSION ILLÉGITIME

Un troisième grief très acerbe adressé à la propriété individuelle est ceci : l'acquisition originaire ou primitive de cette propriété est entachée de vices : violence ou dol. En d'autres termes, l'occupation ou prise de possession, comme mode originaire d'acquisition de la propriété, serait contraire aux principes du droit et de l'équité. Pour soutenir que le droit de propriété individuelle est illégitime, comme basé uniquement sur cette occupation ou prise de possession originaire du sol, on se fonde d'abord sur ce que le droit Romain considérait l'occupation, et même la guerre et la conquête, comme étant l'origine naturelle du droit de propriété, le mode-type de l'acquisition de ce droit (1).

---

(1) « Quod ante nullius est, id naturali ratione occupanti conceditur ». Gaïus, II, 69. — Justinien, *Institutes*,

De même, l'esprit de la guerre, de la conquête domine le droit féodal (1).

Ainsi le droit de propriété individuelle n'est digne d'aucun respect : bien plus la vieille formule : « la propriété c'est le vol », est toujours l'idée-mère du socialisme collectiviste, et même peut-on dire de toutes les écoles socialistes. Le droit de propriété individuelle n'est pas légitime, parce que, dit-on, ce droit se fonde sur une prise de possession, une occupation qui, à l'origine, est née du dol ou de la violence, de voies de fait, qu'il s'agisse de la conquête, ou d'une simple occupation individuelle des terres. Or les actes de violence ou de dol ne peuvent fonder un droit légitime, quelque longue que soit la possession (2).

Lib. II, Tit. I, *De divisione rerum* § 12 et suiv. — *Digeste*, 41, 2. I § I, Paul. — « Dominium id est proprietas » *Institutes*, Lib. II, Tit. IV § 4. — Accarias, t. I, 220 et suiv. — Il est certain que la théorie du premier occupant était de principe en Droit Romain, et que la « mancipatio » supposait une mainmise de la part du propriétaire (hasta, festuca, vindicta, signes du droit de propriété.)

(1) Voir sur la symbolique du droit : Michelet, *Origines du Droit français*, Introduction XXII et p. 74 et suiv.

(2) Herbert Spencer, *Principes de sociologie*, t. II § 539

D'abord, de ce fait que l'occupation était un des modes d'acquisition du droit de propriété, il n'en résulte pas que toujours et nécessairement, l'origine du droit de propriété soit entachée de dol ou de violence.

D'une part, on doit distinguer, mieux qu'on ne le faisait autrefois, entre le domaine éminent que l'on peut qualifier de propriété politique et le domaine direct ou propriété privée proprement dite (1). Si la guerre et la conquête concernent la première, elles ne s'appliquent qu'à titre exceptionnel à la propriété privée.

D'autre part, au point de vue du droit privé, l'occupation n'a jamais été considérée par le Droit Romain, et par le Droit féodal, que comme un des modes d'acquisition du droit de propriété, et non le seul; il fallait

---

p. 728 et suiv. — B. Malon, *Le socialisme intégral*, t. Ier, p. 261 et suiv., v. *supra* notre Introduction.

(1) Voir pour la distinction entre le domaine éminent et le droit de propriété ou domaine du droit civil : Aubry et Rau, t. II, § 190. — Sur le droit de propriété à l'époque féodale : Demolombe. t. IX, n°s 495 et suiv. p. 406. — Conf. d'Avenel, *La fortune privée à travers sept siècles*, p. 187, (Paris, 1895, Armand Colin, éd.)

d'ailleurs que l'occupation fût exempte de dol
ou de violence. C'est ainsi que la tradition et
l'accession étaient considérées, non moins
que l'occupation comme des moyens naturels
d'acquisition de la propriété, par les anciens
jurisconsultes romains (1).

Examinons donc ce qu'il y a de fondé, en fait,
dans cette allégation : que les prises de possession originaires du sol sont vicieuses en droit.

Dans les temps préhistoriques, il est certain
que le globe terrestre était moins peuplé qu'il
ne l'a été par la suite, que d'immenses étendues de territoires étaient incultes ou couver-
tes de forêts qui n'appartenaient à personne
et étaient *res nullius*. Ceux donc qui, dans ces
âges reculés, se sont emparés du sol vierge,
n'ont commis aucun acte de violence ou de
dol; il faut en effet, pour que ces actes existent et soient illégaux, qu'ils aient été commis à *l'encontre du droit d'un autre individu* (2). Or nous supposons que cet acte a
été accompli sur des terres n'appartenant à

____

(1) Gaius II, 65. — Ortolan, t. I, p. 239.
(2) Dalloz, Rép. vᵒ *Prescription civile*, nᵒ 370.

personne. Que, dans ces temps lointains, des actes de violence aient été commis entre les peuplades sauvages qui habitaient le globe, ce n'est pas douteux, mais on ne peut rien préciser ; on ne peut donc se fonder sur ces hypothèses pour contester le droit du premier occupant. Dans la période historique, à l'origine, la terre se trouvait aussi vraisemblablement, en quantité surabondante par rapport au chiffre de la population. Ceux donc qui s'appropriaient des terres n'appartenant à personne ne faisaient de tort à personne et ne jouissaient d'aucun monopole (1). A une époque plus récente, au Moyen-âge, nous voyons des exemples de ces occupations primitives exemptes de tous vices de droit, c'était lorsque des terres étaient prises sur la solitude : « de eremo » (2).

Mais, dit-on, à l'origine de la période historique, et même dans des temps plus récents, on voit fréquemment des prises de possession

---

(1) Ch. Gide, *Principes d'Economie politique*, p. 491. (Larose, éd. 1884.) Paul Leroy-Beaulieu.
(2) Paul Leroy-Beaulieu, t. I, p. 560.

violentes. Les hommes se sont disputé le sol avec acharnement, on peut donc supposer que les premières occupations ont été irrégulières. Ainsi l'occupation est un fait résultant du hasard ou de la force (1).

Une pareille argumentation nous parait inadmissible. En effet, même en ce qui concerne la période historique, on ne peut procéder avec certitude, et il faut s'en remettre à de simples présomptions pour dire que le droit du premier occupant, et pàr suite le droit de propriété, a une origine vicieuse. Mais comment peut-on procéder ainsi par simples présomptions ? Comment peut-on se contenter de dire « que personne ne pourrait se porter garant de la régularité des premières occupations », pour en déduire que ces premières occupations sont vicieuses, et ne peuvent constituer l'origine saine et régulière de la propriété foncière ? (2)

Le raisonnement le plus élémentaire, le simple bon sens font justice de pareilles pré-

____

(1) De Laveleye, p. 544.

(2) Paul Bureau, *La propriété foncière. La science sociale*, (Demolins), septembre 1902, p. 234.

somptions. En effet, disons par hypothèse : de
ce que une, deux, dix, cent propriétés dans
une région auraient été usurpées par la violence ou le dol, il y a quelques siècles, on ne
peut déduire que toutes les propriétés de
cette région aient une origine vicieuse. Du
fait que je croise dans la rue un individu
qui porte une montre qu'il a volée, on ne
peut déduire que ma montre que j'ai achetée
à beaux deniers comptants, de même que les
montres de tous les autres passants soient les
produits de vols. Dans un sens analogue,
Paul Leroy-Beaulieu s'exprime ainsi : « Un
homme qui, se promenant dans les rues
d'une grande ville, rencontrerait un bossu,
un cul-de-jatte, un aveugle et qui prétendrait
que toute la population se compose de gens
contrefaits, privés d'un sens ou d'un membre,
ne serait pas plus extravagant que le prétendu observateur social qui veut que toute
richesse provienne d'un commerce véreux,
d'une pratique déloyale ou de la faveur inique
des lois » (1). Enoncer ces hypothèses, c'est

----

(1) *Le Collectivisme*, p. 38.

en montrer toute l'absurdité appliquée à la propriété foncière.

Au surplus, rien n'établit que cette première occupation du sol ait eu lieu contre la volonté du plus grand nombre; en tous cas elle n'a pas eu lieu en violation des prétendus droits de la collectivité, car nous avons établi qu'en droit naturel et en fait, la propriété foncière, bien loin d'avoir un caractère collectif, est essentiellement individuelle.

Comme il est impossible de préciser quelles propriétés ont été occupées violemment à l'origine, la légitimité de toutes les propriétés doit être reconnue. Procéder autrement est renverser l'ordre logique des preuves. En raison, comme en équité et en droit, il est de principe que le mal, le dol, la violence ne se présument pas, mais doivent se prouver, que celui qui possède est présumé posséder légitimement, et que c'est à celui qui conteste la légitimité de cette possession à en prouver le vice. On considère que les faits exceptionnels ne se présument pas: la bonne foi, le respect du droit étant considérés comme les faits les plus habituels, les actes de violence ou de dol sont exceptionnels et ne se présument pas, il faut qu'ils soient prouvés clairement, d'une manière indiscutable (1).

C'est donc méconnaître singulièrement ces principes que d'exiger des propriétaires qu'ils prouvent la légitimité de leur droit, mais encore plus de présumer l'origine vicieuse du droit de propriété, sous le prétexte que personne ne pourrait se porter garant de la régularité des premières occupations.

Mais il y a plus, on admet que la force des présomptions doit s'appuyer sur des faits certains et connus, d'où l'on peut tirer les conséquences nécessaires de la vérité à établir (2).

Or historiquement, il n'est pas certain,

---

(1) Domat, *Lois civiles*, t. I, Liv. III, titre VI, section VI, *des présomptions*, n° VII. — Demolombe, t. I, *des contrats*, p. 171, n° 188. — Dalloz, Rép. v° *Preuve*, n°s 38, 39, 41. — C. cass. 5 février 1894. D. P. 1894. I. 134, Cie d'ass. *La Paternelle*. — Conf. M. Block, *Le socialiste moderne*, p. 118. (Hachette, éd. 1891).

. (2) Domat, *ut supra*, n° VI. — En réalité, les présomptions sont de ces preuves que l'on appelle artificielles, on peut dire avec Denizart, t. III, v° *Preuve*, n° 27) qu'elles ne sont inventées qu'à force d'y rêver. (Demolombe, t. VII, *des contrats*, n° 248, p. 231.)

qu'en France par exemple, la plupart des propriétés, ni même un grand nombre, aient été envahies et occupées violemment, soit à la suite de la conquête Romaine, soit par l'invasion des barbares, Goths, Wisigoths, Burgondes, Francs et enfin Normands. Ainsi il ne semble pas que les Romains aient prononcé des confiscations générales. D'après Amédée Thierry (1) : « aucune colonie même militaire ne fut établie, les peuples conservèrent leurs terres, leur villes... »

Fustel de Coulanges (2) estime que « la pro-

----

(1) *Histoire des Gaulois*, t. II, p. 352. — Conf. Ch. Giraud, *Histoire du Droit français au moyen-âge*, t. I, p. 147 et suiv. Voir sur la curieuse institution des *agrimensores* et sur le régime de la propriété sous la domination romaine, p. 256, 269.

D'ailleurs il était de principe, en droit romain, que l'occupation par fait de guerre, lorsqu'elle avait des immeubles pour objets, s'exerçait au profit de l'Etat seul, et non des particuliers, premiers occupants. (*Dig. Lib. XLIX*, tit. XV, *de captivis*, L. 20 § I. Pomponius ; *Lib. XLI*, tit. *de adquirendo rer. dom.* L. 16, Florentinus. — Accarias, t. I, n°° 207, 221. Demangeat, *Cours de droit romain*, 2ᵉ éd. t. Iᵉʳ, p. 438.

(2) *Histoire des Institutions politiques de l'ancienne France*, 1ʳᵉ partie, p. 400 et suiv. et p. 534. — Tel était déjà l'avis de Montesquieu, *Esprit des lois*, L. XXX, chap. VII, VIII, IX.

priété du sol n'a été enlevée aux Gaulois par l'invasion germaniqu- qu'exceptionnellement. Les Gaulois ou Gallo-Romains sont restés presque tous propriétaires. »

L'invasion des Francs notamment ne paraît pas avoir comporté une dépossession générale des propriétaires du sol (1); et si des Francs sont devenus propriétaires, la coexistence de propriétés importantes appartenant à des Gallo-Romains est établie par de nombreux documents (2).

— Conf. Ch. Giraud, *ut supra*, p. 270. — Conf. Leroy-Beaulieu, t. I, p. 550.

(1) Fustel de Coulanges, *ut supra*, p. 534 dit qu'il n'y a pas un seul texte qui indique que les Francs aient dépossédé les indigènes. — Augustin Thierry, *Considération sur l'Histoire de France, passim*. — Cet auteur, dans son étude sur le caractère et la politique des Francs. (*Dix ans d'études historiques*, p. 315, (1867, Garnier éd.) rapporte d'après une ancienne chronique, que lorsque les Francs envahirent le territoire des Bituriges et des Arvernes, rien ne fut laissé à ceux-ci de ce qu'ils possédaient, si ce n'est la terre seule, que les barbares ne pouvaient pas emporter... « Præter terram solam, quam barbari secum ferre non poterant. » (Hugonis, chron. virdun.) Guizot, *Essais sur l'Histoire de France*, II⁰ et IV⁰ Essais.

(2) Guizot, *id. ibid. Etablissements des Francs dans les Gaules ; de l'état social et politique dé la France du v⁰ au x⁰ siè-

Nous citerons comme exemple de la propriété foncière entre les mains des Gallo-Romains, les faits suivants: Certains historiens ont cru que les deux tiers du territoire furent assignés par le sort aux barbares: Burgondes ou Goths; les terres ainsi échues étaient appelées *sortes Burgundiorum, Gothorum,* etc. Toutefois on reconnaît que l'on ne rencontre dans l'histoire des Francs aucune indication formelle d'un partage semblable, mais par analogie on pense que les terres furent également tirées au sort (1).

Bien que soutenue par de graves autorités, cette interprétation doit être rejetée. Fustel de Coulanges (2) démontre avec une grande force de logique que les textes, sur lesquels on se fonde pour établir que les Burgondes et les Goths dépouillèrent de leurs terres les Gallo-Romains, et s'emparèrent des deux tiers

---

cle, p. 91 et suiv. — Fustel de Coulanges, *ut supra*, p. 400 et suiv.

(1) Guizot, *Essais sur l'Histoire de France,* IV* *Essai,* chap. II, des terres allodiales ou alleux.

(2) *Histoire des institutions politiques de l'ancienne France,* 1** partie, p. 534. (Notes et éclaircissements.)

de ces terres, ne s'appliquent nullement au droit de propriété, mais au contrat tout spécial d'*hospitalitas* (1). Le Gallo-Romain conservait la propriété, le barbare, Burgonde notamment, devenu « *hospes* » ou hôte du Gallo-Romain, cultivait moyennant une redevance, ordinairement du tiers des fruits attribués au propriétaire, les deux autres tiers revenant à l'*hospes*. Ainsi le barbare ne s'était pas emparé des propriétés, qui étaient restées au contraire dans les mains des habitants autochtones (2). Quant aux expressions : « *sors, sortes* », elles étaient synonymes d'héritage, et l'on ne doit pas leur donner une autre portée (3).

Enfin les confiscations formelles ou détournées, les spoliations violentes ou dissimulées tant au Moyen-âge que dans les périodes subséquentes, n'ont jamais été que des exceptions

---

(1) Voir sur le caractère de l'hospitalitas chez les Burgondes et les Wisigoths : Michelet, *Origines du droit français*, p. 410. — Ne pourrait-on pas y voir l'origine du colonat partiaire qui précisément est d'usage dans certaines de ces régions ?

(2) Fustel de Coulanges, *ut supra*.

(3) Paul Leroy-Beaulieu, t. I, p. 550, 551.

fort regrettables sans doute, mais que l'on ne saurait généraliser historiquement, du moins en ce qui concerne la France.

Par suite de l'absence de toutes preuves sérieuses contre la régularité des occupations originaires, par suite de l'incertitude et de l'imprécision de tous ces griefs contre la propriété individuelle, on comprend facilement que la prescription ait été admise comme le moyen d'éteindre toute mauvaise chicane, et qu'on ait pu la qualifier de « patronne du genre humain » puisqu'elle sert ainsi de fondement à un état social régulier (1).

En résumé et d'une manière générale, on ne peut établir, ni par des preuves certaines, ni même par des présomptions s'appuyant sur des faits certains, que le droit de propriété individuelle se fonde sur des actes de violence ou de dol. On doit donc en conclure que l'établissement originaire du droit de propriété individuelle, par la prise de possession du premier occupant, est légitime.

---

(1) Paul Leroy-Beaulieu, t. I, p. 552. — Conf. M. Block, *Le socialisme moderne*, p. 118. (Hachette, éd. 1891.)

Enfin la prise de possession exempte de vices, du moment où elle est effective, suppose un travail quelconque, tout au moins un premier travail d'appropriation. (1) Nous allons voir qu'à ce point de vue encore, la propriété individuelle de la terre trouve une excellente justification.

Ne doit-on pas rattacher l'idée de la première occupation, jointe au travail pour légitimer le droit de propriété, aux faits suivants ? Il a été longtemps d'usage que le nouveau propriétaire affirme en quelque sorte sa prise de possession en présence de nombreux témoins, et qu'il effectue certains actes, par exemple : en ouvrant les portes et les fenêtres, en allumant du feu dans la maison, ou en simulant divers travaux: creusant la terre, coupant du bois, etc., etc. (2).

----

(1) Cauwès, *Cours d'Economie politique*, t. III, § 61, p. 345 et suiv.

(2) Vicomte G. d'Avenel, *Découvertes d'histoire sociale*, p. 65. — Voir aussi Michelet, *Origines du Droit français*, p. 114 et suiv. — La remise d'une motte de terre ou de gazon symbolisait souvent la transmission du droit de propriété d'un fonds de terre.

L'appropriation de la terre par la main-
mise du premier occupant et par une occupation prolongée, se justifie non seulement
lorsqu'il s'agit de la propriété privée individuelle, mais aussi lorsqu'on envisage la possession par un peuple de son territoire national : on peut même dire que l'occupation
prolongée du territoire est la plupart du temps
le seul titre qu'une nation puisse invoquer. Si
l'on supprime le droit né de l'occupation de
la terre, les nations n'ont plus de titre pour
légitimer la possession de leur territoire. C'est
le retour à la barbarie : les nations les plus
pauvres viendront déposséder celles dont le
territoire est riche. L'Esquimau ou le Lapon
aura les mêmes droits que le Français sur les
riches territoires de la France. « Supprimez,
dit P. Leroy-Beaulieu, la propriété nationale,
et les nations n'ont plus de titres pour légitimer la possession de leur territoire... (1) Le
droit d'occupation, légitime pour les nations, l'est également pour les individus.

En résumé, la mainmise du premier occu-

---

(1) *Traité d'Economie politique*, t. I, p. 580.

pant et l'occupation prolongée, ne constituent
pas le vol ou la prise de possession illégale
que l'on prétend, ni au point de vue historique, ni au point de vue juridique et social.
L'acte du premier occupant n'est pas vicieux
en principe, mais constitue un acte légitime ;
cependant nous verrons que l'occupation doit
être considérée, moins comme un fondement
du droit de propriété, que comme une des ma-
nifestations de ce droit.

LIVRE TROISIÈME

Légitimité
du droit de propriété individuelle

CHAPITRE PREMIER

LE DROIT DE PROPRIÉTÉ

Ainsi que cela résulte de nos explications précédentes, on voit que de tous les droits de l'homme, celui qui de nos jours est en butte aux plus nombreuses attaques est le droit de propriété privée ou propriété individuelle. Nous voulons donc établir sa légitimité et démontrer que ce droit, qui prend sa source dans la nature humaine elle-même, constitue un véritable intérêt social, auquel on ne peut porter atteinte, sans compromettre l'intérêt de la société toute entière, cela est vrai surtout de la propriété s'appliquant aux immeubles.

C'est à ce point de vue que nous nous plaçons, c'est le but que nous poursuivons dans cette étude.

Si l'intérêt public impose le respect de la propriété privée, cependant, dans des cas nombreux, un intérêt public supérieur, exige également que la propriété privée soit sacrifiée. Mais alors la mainmise sur la propriété, les atteintes de toutes sortes qui la frappent, comportent la violation d'intérêts privés au profit de l'intérêt général. Il est donc de toute justice que les particuliers, ainsi lésés dans l'intérêt de tous, soient indemnisés.

De là, les règles de l'expropriation pour cause d'utilité publique, de là les indemnités qui sont toujours dues aux propriétaires évincés, que l'expropriation ait été régulièrement prononcée ou qu'il s'agisse d'une dépossession effectuée en dehors de toute expropriation régulière ; de là les indemnités pour dommages, quelle que soit leur cause ; de là enfin, et d'une manière générale, toutes les règles protectrices qui entourent le droit de propriété privée contre les entreprises de l'Administration.

Mais le socialisme méconnaît toutes ces règles de justice et d'équité ; pour les socialistes la propriété privée est l'ennemie, tous les moyens sont bons pour la supprimer : le propriétaire n'a droit à aucune indemnité, ou tout au plus, on lui concède une indemnité dérisoire. Examinons donc, en droit pur, ce qu'est le droit de propriété individuelle.

Le *dominium* ou droit de propriété (1), si on le considère dans le sens propre de ce mot, tel que le droit Romain et la plupart des législations des peuples civilisés l'entendent, exprime l'idée du pouvoir juridique le plus complet d'une personne sur une chose ; c'est un pouvoir exclusif, absolu et perpétuel (2). Mais ce pouvoir, quelqu'étendu qu'il soit, se

---

(1) *Dominium id est proprietas (Dig. Lib.* XLI, *de adquirendo rerum dominio.* Tit. I. L. 13.)

(2) *Plena in re potestas,* (Instit. Lib. II. Tit. IV § 4.) — Demolombe, t. IX, nos 542 et suiv. — Aubry et Rau, t. II, § 190. — Marcadé, t. II, sur l'art. 526 et sur l'art. 544. — Aucoc. T. II, n° 499. — P. Leroy-Beaulieu, *Traité d'Economie politique,* t. I, p. 533 et suiv. (4e éd.) — Voir l'Exposé des motifs de Portalis dans la séance du 26 nivôse an XII. — Voir sur la législation comparée : *Rép. du droit français,* ve Propriété (droit de) nos 116 et suiv.

trouve limité, en droit positif, par le législateur.

C'est ainsi que l'article 544 du code civil dit que : « La propriété est le droit de jouir et de disposer des choses de la manière la plus absolue, pourvu qu'on n'en fasse pas un usage prohibé par les lois ou par les règlements. »

Pothier disait dans des termes assez analogues que le droit de propriété, considéré par rapport à ses effets, doit se définir : « le droit de disposer à son gré d'une chose, sans donner néanmoins atteinte au droit d'autrui, ni aux lois : *jus de re libere disponendi*, ou *jus utendi et abutendi*. » (1)

Le droit de propriété semble avoir toujours existé avec ce caractère absolu, à travers les âges, dans les nations les plus civilisées, sauf quelques divergences, restrictions et exceptions. Ainsi à l'époque féodale, le droit de propriété est enveloppé de tant de liens, assujetti à tant de charges et de tenures de natures diverses, qu'il perd en grande partie

---

(1) Pothier (éd. Bugnet). *Traité du domaine de propriété*, n° 4. — *Introduction générale aux coutumes*, n° 100.

son caractère juridique. M. Georges d'Avenel
définit bien le caractère spécial de la propriété médiévale lorsqu'il dit : la propriété privée du Moyen-Age comprend plus de choses
que la nôtre..., elle est d'un autre côté beaucoup moins entière que la propriété moderne.
Elle a plus d'étendue et moins de profon-
deur. (1) — Mais même à cette époque le droit
de propriété se retrouve encore parfois sous
la forme de l'*Alleu*. (2)

Nous savons que le droit de propriété individuelle, tel que l'a entendu le Droit Romain,
tel que l'entend le code civil, est bien con-

---

(1) *Découvertes d'histoire sociale*, p. 62. (Flammarion, éd.)

(2) Voir sur le caractère juridique de l'*Alleu* : de Lau-
rière, *Glossaire du Droit Français*, v° Alleu-franc. (Favre
éd. Niort, 1882.) — Demolombe, t. IX, n° 549. — Fustel de
Coulanges, *Inst. politiques de l'ancienne France*, 1re partie,
p. 458 et suiv. — P. Viollet, *Précis de l'histoire du droit
français*, 1886, p. 597 et suiv. — Guizot, *Essais sur l'histoire
de France*, IVe Essai. — D'Avenel, *La fortune privée à travers
sept siècles*, p. 184. — On ne tenait, disait-on, l'alleu que de
Dieu et de son épée.

Il semble que le régime de la propriété au moyen-âge
et des divers droits féodaux était fondé sur une sorte
d'extension de la personnalité humaine. (Conf. Henri de
Tourville, *Histoire de la formation particulariste*, p. 96, 104,
114, 119 et suiv. 150 et suiv. — Firmin-Didot, éd.)

forme au droit naturel, et que prononcer sa suppression serait condamner le genre humain à la misère et à la ruine.

Cependant ce droit traditionnel. admis par tous les peuples, que la Déclaration des Droits de l'homme et du citoyen qualifie *un droit inviolable et sacré* (3-14 septembre 1791) et que toutes les Constitutions ont garanti solennellement, rencontre de nos jours des adversaires acharnés, dont nous. avons réfuté les sophismes.

Nous nous proposons actuellement de démontrer la légitimité du Droit en lui-même.

CHAPITRE II

Après avoir exposé et réfuté les principaux
griefs soulevés contre le droit de propriété individuelle, notamment contre le droit de propriété foncière, nous allons étudier sur quelles
bases rationnelles, s'appuie ce droit de propriété individuelle.

Dans l'opinion d'un certain nombre de penseurs et d'écrivains, opinion qui a cours à l'é-
poque actuelle, tous les droits émaneraient
de la loi positive et rien n'existerait en dehors
d'elle, le législateur serait le créateur omni-
potent de tout droit. Ainsi le droit de propriété individuelle serait uniquement une
création de la loi, qui se serait modifiée d'a-
près les époques et d'après les nations ; ce

droit serait seulement l'œuvre du pacte ou contrat social (1). Comme ce que la loi a établi, la loi peut le modifier ou le détruire, il en résulterait que le droit de propriété individuelle dépendrait des variations du législateur qui pourrait, sans violer aucun principe, le transformer à sa fantaisie et même l'abolir d'un trait de plume.

Un pareil système qui ne légitimerait le droit de propriété individuelle qu'à la condition que le contrat social, la loi positive l'ait sanctionné, confond deux idées absolument distinctes : la garantie de la loi et la création par la loi (2). La loi n'est pas le droit, la loi n'est que le bouclier qui protège le droit. Le

----

(1) On cite parmi les écrivains et penseurs qui ont admis ce système : Bossuet, *Politique tirée de l'Ecriture*, Livre Ier, art. 3, 4e proposition. — Dans son discours à l'Assemblée constituante, sur la propriété des biens ecclésiastiques, Mirabeau dit : « C'est la loi qui constitue la propriété, parce qu'il n'y a que la volonté publique qui puisse opérer la renonciation de tous, et donner un titre comme un garant à la jouissance d'un seul. » Conf. J.-J. Rousseau, *Le contrat social*, Livre Ier, chap. IX.

(2) Paul Leroy-Beaulieu, t. I, p. 547. — Troplong, *de la propriété d'après le Code civil*, p. 24. — Cauwès, *Cours d'Economie politique*, t. III, p. 340.

droit naturel existe indépendamment de toute loi, il est impossible de nier son existence.

On doit dire avec Montesquieu (1), que les lois sont les rapports nécessaires qui dérivent de la nature des choses, qu'il y a une raison primitive. En d'autres termes, le bon sens impose au législateur respectueux de la liberté, comme règle générale, cet axiome : ce ne sont pas les lois qui font les mœurs, mais ce sont les mœurs qui font les lois. D'ailleurs il serait absurde de tenir pour juste tout ce qui est réglé par la loi positive ; il n'y a qu'une loi unique, obligatoire, c'est la droite raison (2).

En principe donc, et pour toutes les choses fondamentales, la loi positive ne crée pas un droit, mais constate l'existence d'un droit, d'une coutume préexistente, et lui donne une sanction qui, sans elle, n'existerait pas. Il y a donc un droit naturel antérieur à toute législation (3).

---

(1) *Esprit des lois*, Livre Iᵉʳ, chap. Iᵉʳ.

(2) Cicéron, *De Legibus*, Lib. I, XV et XVI.

(3) Paul Leroy-Beaulieu, t. Iᵉʳ, p. 545 et suiv. t. IV, p. 685 et suiv. — Maurice Block, *Les progrès de la science*

Nous verrons que des droits très respectables, par exemple les droits de propriété littéraire, artistique, la propriété des inventions, etc. n'ont été protégés que très tardivement par la loi positive. Cependant l'existence de ces droits n'était pas douteuse et ces droits produisaient des effets certains, bien avant d'avoir obtenu la protection législative.

Cette distinction entre la garantie de la loi et la création par la loi est si vraie, que nous voyons le législateur moderne, (de tous le plus imbu de son omnipotence), tout en proclamant que rien n'existe en dehors de lui, être forcé de reconnaître implicitement l'existence d'une loi naturelle, d'un droit antérieur à la loi positive.

Ainsi en matière d'association, l'article 2 de la loi du 1er juillet 1901 pose en principe que les associations de personnes peuvent se former librement, sans autorisation, ni déclaration préalable, mais qu'elles n'ont alors *au-*

économique, t. 1er, p. 498. (Guillaumin, éd. 1890.) — Yves Guyot, *La propriété, origine et évolution,* p. 223 et suiv. (Ch. Delagrave, éd. 1895.)

cune capacité juridique. Eh bien ! on pourrait supposer, en présence de ce texte, que ces associations n'ayant aucune capacité juridique, ne peuvent avoir de représentation légale et ne peuvent par suite agir en tant qu'associations. Or il n'en est rien. L'article 5 donne immédiatement un démenti à cette thèse, puisqu'il dit que toute association qui voudra obtenir la capacité juridique prévue par l'article 6, devra être rendue publique par les soins de ses fondateurs. Donc l'association non reconnue par la loi, a une représentation légale, avant toute consécration par le législateur ; donc cette association qui, en réalité, tire son existence du droit naturel, existe avant tout acte de la puissance publique ; donc il y a un droit antérieur et supérieur à la loi positive. Ce raisonnement puise en l'espèce, une force particulière dans cette circonstance que le projet de loi exigeait de toute association une déclaration préalable ; or l'article 2 a écarté définitivement cette exigence, d'où il suit qu'en principe les associations sont valables sans l'intervention de la loi.

D'autres exemples pourraient être puisés

dans notre législation ; nous verrons notamment qu'en ce qui concerne le droit de propriété individuelle, l'existence d'un droit antérieur à la loi positive ne peut être méconnue.

Etant ainsi établi que rationnellement, le législateur n'est pas le créateur despotique et tout puissant de tous droits, il en faut conclure qu'il existe un droit supérieur à la loi positive. En effet, on doit reconnaître qu'il existe chez tous les hommes, dans toutes les nations, un fonds commun d'idées primordiales et instinctives, un droit naturel antérieur à toute œuvre du législateur. Ce fonds commun d'idées diffère seulement quant à ses modes d'application, d'après les époques et les peuples, mais persiste toujours comme idée première à travers les générations.

Cicéron exposait éloquemment ces principes à l'égard du droit de légitime défense, lorsqu'il disait : « Il est une loi non écrite, mais innée ; une loi que nous n'avons ni apprise de nos maîtres, ni reçue de nos pères, ni étudiée dans nos livres : nous la tenons de la nature même ; nous l'avons puisée dans son sein : c'est elle qui nous l'a inspirée : ni les leçons, ni les préceptes ne nous ont instruits à la pratiquer ; nous l'observons par sentiment ; nos âmes en sont pénétrées... » (1).

De nombreux penseurs ont reconnu dans tous les temps, l'existence d'une loi naturelle régissant l'humanité. Montesquieu s'exprime notamment ainsi dans son ouvrage sur l'Esprit des lois (2) : « Avant qu'il y eût des lois faites, il y avait des rapports de justice possibles. Dire qu'il n'y a rien de juste ni d'injuste que ce qu'ordonnent ou défendent les lois positives, c'est dire qu'avant qu'on eût tracé le cercle tous les rayons n'étaient pas égaux. Il

---

(1) « Est igitur hæc, judices, non scripta, sed nata lex : quam non didicimus, accepimus, legimus, verum ex natura ipsa arripuimus, hausimus, expressimus ; ad quam non docti, sed facti ; non instituti, sed imbuti sumus. » *Pro Milone* IV. *Œuvres complètes de Cicéron*, traduction de Nisard, t. III, p. 216. (Dubochet, éd. Paris, 1843.) V. aussi *De Republica*, III, 17. — *De legibus*, I, 5.

(2) Livre I, chap. I. — Dans le Livre XXVI, chap. XV, Montesquieu ne refuse pas au droit de propriété le caractère d'un droit naturel, car il le considère comme étant une loi naturelle et nécessaire qui s'impose au droit civil. (Voir sur ce point Paul Leroy-Beaulieu, t. Ier, p. 545).

faut donc avouer des rapports d'équité antérieurs à la loi positive qui les établit... »

Les jurisconsultes ont, la plupart, à toutes
les époques, admis un droit naturel antérieur
à l'œuvre du législateur (1).

Ainsi l'institution du mariage, les droits et
les devoirs de la famille, les rapports des parents vis à vis de leurs enfants et des enfants
vis à vis de leurs parents, et tant d'autres
lois naturelles apparaissent comme idées primordiales, à tous les âges et chez toutes les
nations, les nations barbares comme les civilisées. On peut dire d'une manière générale,
que les différences existantes ne se rencon-
trent que dans le mode d'application, mais
que le principe subsiste partout dans son inté-
grité. Par exemple, la puissance paternelle
est plus ou moins absolue, d'après les diverses législations, mais il n'en résulte pas moins
que l'idée de puissance paternelle est innée

---

(1) Digeste, L. I, t. I *de justitia et jure*, pr. I, II ; — L. I,
t. III, *de legibus*, 14, 15, 25, 39. — V. notamment, Domat,
Les lois civiles, livre préliminaire, titre I. — Pothier,
Traité des obligations, n° 123 (éd. Bugnet, t. II, p. 59.) —
Aubry et Rau, t. I, § 2, p. 3.

dans la nature humaine et a précédé toute
loi positive.

De même l'idée d'association puise sa raison
d'être dans la nature humaine qui est essentiellement sociable. L'idée de s'associer et de
donner à chaque groupement particulier, une
individualité, une personnalité propre et in-
dépendante, est instinctive dans l'homme. Autrement il est impossible d'expliquer la formation primitive des villages, des villes, des
tribus, des nations, même avant l'intervention du législateur.

De même encore, l'idée de l'indépendance
humaine, de la liberté à laquelle chaque être
humain a droit, n'a eu besoin d'être inscrite
dans aucun texte de loi, pour être revendi-
quée instinctivement par l'homme. La liberté
est peut-être le plus incontestable des droits
naturels.

Le droit de propriété individuelle a bien ce
caractère de droit inné, de droit inhérent à
la nature humaine, ou dérivant d'un droit
inné. On a dit avec vérité que « la propriété
« est un fait instinctif antérieur à la réflexion,

« comme tout ce qui est essentiel à l'homme... » (1). L'instinct de la propriété devance chez l'homme la raison. Ainsi le jeune enfant, inconsciemment et avant tout raisonnement, a déjà le sentiment de la propriété et défend instinctivement, avec une singulière énergie, les objets qui lui sont donnés (2).

De même, à toute époque, chez toutes les nations, les plus sauvages comme les plus civilisées, l'idée *du mien et du tien*, a toujours existé. Ce point n'est pas contesté, au moins en ce qui concerne les objets mobiliers, par exemple : les armes, le cheval du guerrier, les ustensiles de ménage, ou encore l'habitation : tente, hutte ou maison. Ainsi que nous l'établirons, rationnellement, il n'y a pas de motif de distinguer entre la propriété mobilière et la propriété immobilière. (V. *infra* ch. III).

Bien plus, à un autre point de vue, nous savons que le seul mode de jouir de la terre est essentiellement un mode exclusif et pri-

----

(1) Paul Leroy-Beaulieu, *Tr. d'Economie politique*, t. Ier, p. 538.

(2) *Id., ibid.*

vatif. En fait, là où je plante, où je construis, où j'exploite la terre d'une façon quelconque, personne autre que moi ne peut faire le même travail, simultanément avec moi et sur le même point ; c'est un fait qui n'est pas discutable. Si la possession de la terre, et par suite sa propriété, ont naturellement un caractère privatif et individuel, en exerçant un droit de propriété individuelle sur la terre, on ne fait qu'exercer un droit naturel quant à l'objet auquel il s'applique. (*Supra* liv. II, ch. III.)

Ainsi à tous points de vue, le droit de propriété individuelle du sol est justifié. Subjectivement, c'est-à-dire quant à l'homme considéré comme sujet susceptible d'avoir des droits : c'est à raison de son instinct naturel, que l'homme appréhende la terre et en a la propriété individuelle. Il exerce ce droit comme un élément de son droit à la liberté, et il lui est aussi personnel que la liberté même.

Objectivement, c'est-à-dire quant à la terre, objet de droits, il est non moins certain que sa jouissance et sa possession étant naturellement exclusives et individuelles, sa propriété

a par suite, naturellement un caractère exclusif et individuel. Donc à tous égards, le
droit de propriété individuelle appliqué à la
terre, découle du droit naturel.

Nous disons que le droit de propriété individuelle appliqué à la terre émane du Droit
naturel. En effet dès que l'homme prend possession d'une *res nullius,* par exemple d'une
terre qui n'appartient à personne, il a intimement conscience que cette terre devient
sienne, non pas seulement pour un jour, mais
bien à perpétuité. L'idée de propriété, c'est-à-
dire d'un droit exclusif survivant au fait de
la détention matérielle, est inné dans son esprit ; ce droit absolu, exclusif, constitue comme
un complément de la personnalité humaine (1).
Portalis dans son exposé des motifs du code
civil, s'exprime en ces termes : « Le principe

____

(1) Troplong, *de la propriété d'après le code civil*, p. 37,
(Firmin Didot, éd. Paris 1848.) — Demolombe, t. IX, n°⁸ 534
et suiv. — Paul Leroy-Beaulieu, t. I, p. 533, t. IV, p. 686.
— Maurice Block, *Les progrès de la science économique,*
(Guillaumin, éd. 1890). T. Iᵉʳ, p. 489, 499. Cauwès, *Cours
d'économie politique,* t. III, § 959 p. 344. — Yves Guyot, *La
propriété, origine et évolution,* p. 222, 223. (Ch. Delagrave,
éd. 1895.)

du droit est en nous; il n'est point le résultat
d'une convention humaine ou d'une loi positive; il est dans la constitution même de notre être, et dans nos différentes relations avec
les objets qui nous environnent... » (1) C'est
en lui-même, dans ses facultés personnelles
que l'homme perçoit le droit de propriété exclusif. Thiers, dans son ouvrage sur la *Propriété*, dit éloquemment : « Je sens, je pense,
« je veux : ces sensations, ces pensées, ces
« volontés, je les rapporte à moi-même. Je
« sens qu'elles se passent en moi et je me re-
« garde bien comme un être séparé de ce qui
« l'entoure, distinct de ce vaste univers, qui,
« tour à tour m'attire ou me repousse, me
« charme ou m'épouvante... Je me distingue
« donc de tout le reste de la création et je sens
« que je m'appartiens à moi-même. C'est là
« une première propriété incontestable, im-
« partageable, à laquelle personne n'a jamais
« songé à appliquer la loi agraire. » (2) De

---

(1) *Exposé des motifs de la loi relative à la propriété*, n° 3.
Dalloz, Rép. v° Propriété, p. 183 note.

(2) Thiers, *de la propriété*, p. 27, (Lheureux, éd. Paris,
1868.)

même tout être humain, même le plus sauvage, possède son nom et a l'intime conscience d'en être propriétaire exclusif (1). L'idée du *mien* et *du tien* est inhérente à l'âme humaine.

Cette idée, cette conscience d'un droit que nous trouvons, même avant l'éveil complet de l'intelligence chez le jeune enfant, ce sentiment instinctif est-il digne de respect? est-il légitime? Oui incontestablement, car ce sentiment d'un droit de propriété individuelle naît de la liberté, c'est un droit qui dérive de cette liberté que tout homme possède d'appliquer son intelligence et son industrie, de telle manière qui lui convient et à tel objet qu'il a choisi.

Ainsi en prenant possession d'une chose, d'une terre qui n'a pas de maître, l'homme ne fait qu'user de son droit naturel à la liberté. Or ce droit lui appartient incontestablement, et l'usage qu'il en fait est légitime lorsqu'il exerce le droit de propriété indivi-

____

(1) Yves Guyot, *La propriété origine et évolution. Thèse communiste* par Paul Lafargue, *Réfutation*, par Yves Guyot, p. 317, 318 (Ch. Delagrave, éd. 1895.)

duelle puisqu'il ne nuit à personne (1). Nous avons réfuté en effet ce sophisme des socialistes : que la terre n'étant l'œuvre de personne ne peut appartenir individuellement à personne, et nous avons démontré au contraire que l'appropriation de la terre est essentiellement individuelle et exclusive. Toutes ces raisons sont également fondées, que l'on se place dans l'hypothèse de l'acquisition originaire ou primitive de la propriété individuelle, soit que l'on envisage les acquisitions successives de ce droit, par succession, par actes entre-vifs ou par toutes autres manières légitimes.

Nous exposerons, par la suite, que non seulement l'homme ne nuit à personne en s'appropriant une terre, *res nullius*, mais qu'il rend un service éminent à la société toute entière (V. *infra*). Donc le droit de propriété individuelle fondé sur le droit naturel, sur la liberté humaine, doit être respecté (2). En effet,

---

(1) *Suum cuique tribuere, alterum non lædere.* (*Institutes,* L. I, t. I, § 3.)

(2) Troplong, *de la propriété d'après le code civil,* p. 11, 12.

de même qu'on est obligé de respecter la liberté d'autrui, on est obligé de respecter les œuvres de cette liberté. De même qu'on ne peut vous forcer à faire ce que vous ne voulez pas, ou vous empêcher de faire ce que vous voulez, on ne peut porter atteinte à ce que vous avez fait en usant légitimement de votre liberté, par exemple dans l'appropriation de la terre. Dans l'un comme dans l'autre cas, il y a violation d'un droit. C'est donc avec juste raison que l'on a proclamé la propriété individuelle, inviolable et sacrée ; elle l'est au même titre que la liberté humaine.

Mais dit-on, si la propriété est un droit naturel, il doit appartenir à tout être humain dès sa naissance, et nul ne peut en être privé sans injustice (1).

Cette objection n'est que spécieuse. En disant que le droit de propriété individuelle est de droit naturel, nous voulons dire qu'il s'agit d'un droit antérieur à toute loi positive, droit

— Maurice Block, *Les progrès de la science économique*, t. Iᵉʳ, p. 476, 477, 481.

(1) De Laveleye, *de la propriété et de ses formes primiti ves*, préface, p. XXIX.

que tout homme est susceptible d'invoquer lorsqu'il se trouve dans les conditions à pouvoir le faire. Ainsi, nous conformant à ces principes, nous estimons qu'un législateur n'est jamais en droit de déclarer un être humain incapable juridiquement de posséder ou d'acquérir la propriété du sol.

En disant que le droit de propriété individuelle émane du droit naturel, nous voulons dire que ce droit existe *in abstracto*, avant qu'aucune loi ne l'ait reconnu.

On a fait remarquer avec juste raison que la propriété littéraire, la propriété artistique et la propriété des inventions existaient bien avant que le législateur les eût garanties, et que même ceux qui en bénéficiaient en retiraient des avantages, avant qu'aucune loi n'eût sanctionné et garanti ces sortes de propriétés (1).

Ces droits, bien qu'existant *in abstracto*,

---

(1) C'est ainsi que Beaumarchais a pu faire établir son droit de propriété littéraire à une époque où la loi était muette à cet égard. — Conf. *Rev. hebdomadaire* du 25 octobre 1919, p. 504. *La vieille querelle des auteurs et des comédiens* par Félicien Pascal.

avant toute loi positive ne peuvent être invoqués en fait que si on est dans les conditions à pouvoir les exercer. Ainsi, il est de toute évidence que l'enfant qui vient de naître, que l'illettré, que le faible d'esprit de naissance ne peuvent en fait exercer les droits de propriété littéraire, par exemple d'œuvres qui leur soient personnelles. Mais du jour où ils seront en mesure de faire valoir ces droits qu'ils possèdent *in abstracto*, c'est-à-dire du jour où le jeune enfant aura assez conscience de ses actes pour créer une œuvre littéraire, où l'illettré aura appris à écrire, où l'incapable aura développé son intelligence et sa raison et en aura fait jaillir une production intellectuelle, ils puiseront dans le droit naturel la justification de leurs droits, même dans le silence de la loi positive. L'abstraction se transformera ainsi en réalité juridique.

De même, si tout homme dès sa naissance, a droit à la propriété individuelle de la terre, il ne peut invoquer ce droit qu'il possède *in*

---

(1) Paul Leroy-Beaulieu, t. Ier, p. 516; t. IV, p. 686.

abstracto que s'il se trouve dans les conditions de fait et de droit nécessaires pour se prévaloir de son droit (1).

Nous verrons que ces conditions sont de diverses natures : ce sont par exemple : l'occupation ou prise de possession exempte de vices, le travail et l'emploi de capitaux, etc. les divers modes reconnus par le droit civil, tels que successions, contrats, etc. Mais si l'homme peut invoquer ces différents motifs pour justifier son appropriation exclusive du sol, c'est parce qu'il a en lui le droit naturel de propriété. On pourrait étendre ces exemples à d'autres droits naturels, ainsi au mariage, à la puissance paternelle, etc. : le droit existe *in abstracto*, mais ne se manifeste que du jour où l'on peut s'en prévaloir, c'est d'une incontestable évidence. Il résulte de tout cela qu'en principe,

____

(1) Maurice Block, *Les progrès de la science économique*, t. Ier, p. 482. Cet auteur fait remarquer avec juste raison que reconnaître à quelqu'un un droit théorique, ce n'est pas lui en garantir les effets. « Chaque Français a droit à toutes les fonctions publiques, mais exerce-t-on réellement les fonctions sur lesquelles on a des droits? Tous les candidats deviennent-ils députés, tous les soldats maréchaux de France? »

10

le droit de propriété individuelle appartient en état latent à tout homme. Nous disons donc : en théorie tout le monde propriétaire, alors que le Socialisme dit au contraire : personne propriétaire. Notre théorie est incontestablement la plus équitable.

Ces droits naturels peuvent être invoqués parfois avant d'avoir été sanctionnés par une loi ; mais le plus souvent, ils n'ont leur plein effet que du jour où ils ont été consacrés par le législateur. C'est ainsi que nous savons que certains droits naturels, par exemple les droits de propriété intellectuelle, ont pu produire des effets juridiques, même avant d'être passés en articles de loi (1) ; mais c'est seulement du moment où le législateur les a reconnus que ces droits ont pu être garantis et être exercés dans leur plénitude.

Enfin, en ce qui concerne la propriété foncière individuelle, le législateur a reconnu qu'il ne faisait que consacrer le droit naturel ; Portalis, dans son Exposé des motifs, le dit

----

(1) Paul Leroy-Beaulieu, t. I, p. 546 ; t. IV, p. 686.

formellement, ainsi que nous l'avons vu. On pourrait citer d'autres exemples : ainsi, il semble que la loi du 8 avril 1898 reconnaisse le droit de propriété des riverains sur le lit des cours d'eau non navigables ni flottables, en se basant sur une présomption de propriété antérieure à la loi, et tirée de considérations de droit naturel (1).

La constatation d'un droit naturel existant avant l'œuvre du législateur, n'est pas purement théorique, comme on pourrait le croire. Ce droit naturel peut avoir des conséquences juridiques effectives, il peut même dans certaines circonstances, donner à la loi, une fois promulguée, certains caractères rétroactifs. « Les lois naturelles, dit Domat (2), ayant leur « justice et leur autorité qui est toujours la « même, elles règlent également et tout l'avo-

---

(1) Conf. *Rép. gén. du droit français*, v° Rivières, n°° 104 et suiv. Rapport de M. Cuvinot au Sénat. — Voir sur le régime antérieur à la loi de 1898. — F. Sanlaville, *de l'occupation définitive sans expropriation*, n° 25, p. 84 et suiv. (Berger-Levrault, éd. 1890.)

(2) *Les lois civiles*, Livres préliminaires, t. I, XII. — Digeste, *de justitia et jure*, L. II. — Conf. Pothier, *Traité des obligations*, n° 123, (éd. Bugnet, t. II, p. 59.)

« nir et tout ce qui peut y avoir de passé qui
« reste indécis. »

Ainsi nous pensons que les principes du
droit naturel restreignent dans l'interprétation littérale des textes, les effets des lois positives qui seraient édictées en violation de ce
droit naturel.

Enfin il n'est pas uniquement théorique de
justifier des principes juridiques basés sur la
raison naturelle, sur le commun assentiment
des peuples de tous les temps et de toutes les
régions du globe, sur le simple bon sens et
l'équité. Quelqu'audacieux ou séduisants que
soient les projets des novateurs, n'est-il pas
légitime, n'est-il pas aussi très pratique de
démontrer que ces projets sont contraires à
cette raison naturelle que Cicéron invoquait
comme la seule loi obligatoire, la seule qui
ne soit pas tyrannique? — et que ces projets
méconnaissent les intérêts sociaux, les intérêts bien entendus de l'humanité. Nous établirons en effet par la suite, que l'intérêt social exige le maintien et la protection de la
propriété individuelle de la terre.

Ce droit de propriété privée est tellement conforme à la raison que l'on peut affirmer son existence, à toutes les époques et dans toutes les nations. Le caractère absolu, perpétuel, exclusif de ce droit, a toujours été admis, à quelques différences près. Si, en certains cas, la propriété de la terre a pu être commune dans les temps primitifs, elle a cessé de l'être dès que les circonstances l'ont permis, tels que : progrès de la culture et developpement de la civilisation.

Quelques auteurs, M. de Laveleye notamment (1), se sont efforcés d'établir qu'à l'origine, et même à toutes les époques de l'histoire, la communauté de la terre, la propriété foncière collective existait dans toutes les parties du globe, que la propriété privée complète n'aurait été établie que par les Romains et qu'elle serait d'une origine relativement récente.

Ces théories sont repoussées avec beaucoup

---

(1) De Laveleye, *de la propriété et de ses formes primitives.*

de raison. D'abord jamais à aucune époque, l'humanité n'a considéré la terre comme étant commune au genre humain (1); nous l'avons démontré précédemment.

Ainsi aux arguments que nous venons de développer, et qui établissent que le droit de propriété privée émane du droit naturel, se joignent des constatations tirées de l'histoire de la propriété à travers les âges.

Le droit de propriété a pu varier, en la forme et sur certains points, d'après les temps et d'après les peuples ; mais de ce que ce droit aurait été multiforme, il ne faut pas conclure que l'idée de propriété privée n'aurait pas existé. Son principe est resté constant, si parfois les formes et le droit lui-même ont pu varier. Il en est de même de tous les droits, même de ceux dont la légitimité est le plus incontestée. Ainsi le droit de puissance paternelle n'a pas toujours été constitué de même chez tous les peuples ; il suffit de comparer ce qu'il était chez les Romains et ce qu'il est chez nous pour en saisir toute la différence. Que la

---

(1) P. Leroy-Beaulieu, t. Iᵉʳ, p. 535, 539 et suiv.

puissance paternelle soit plus ou moins étendue, plus ou moins sévère et absolue, le principe n'en est pas moins certain ; il en est de
même du droit de propriété privée. Ces exemples pourraient être multipliés.

Parmi les formes que la propriété a revê-
tues, on doit citer la propriété familiale. Certains auteurs (1) la considèrent comme une
sorte de propriété collective, dans le sens que
l'on donne actuellement à ce mot. Par suite
de ce que la propriété de famille aurait existé
à l'origine, dans certaines régions, parmi certains groupements d'individus, on en déduit
l'existence d'une propriété collective originaire, et on en conclut que l'établissement de
la propriété collective est possible et conforme
à la raison naturelle.

Mais cette argumentation est inexacte. Du
fait que la propriété familiale remonte aux
temps les plus anciens, on ne peut conclure
que la propriété de la famille est l'origine de
la propriété collective, telle que l'entendent
les socialistes, car elle en diffère profondé-

____

(1) De Laveleye, p. 455 et suiv.

ment. La propriété familiale, même collective entre les membres d'une même famille, est en réalité une forme de la propriété privée; elle est même plus absolue, plus exclusive qu'aucune autre, à l'égard des autres hommes (1); elle a un caractère de perpétuité que n'a aucune autre forme de propriété privée. On peut considérer la propriété de famille comme l'affirmation la plus haute et la plus énergique de la propriété privée, puisqu'elle assure la transmission perpétuelle des biens entre les membres d'une même famille, à l'exclusion de tous autres.

Le droit de succession est une déduction du droit de propriété de famille. La notion de l'héritage est liée à la notion de la famille comme à l'idée de propriété (2). Que l'on fasse dériver la propriété de famille des anciennes institutions germaniques, ou de la fiction ro-

---

(1) Paul Leroy-Beaulieu, t. Ier, p. 543. — Troplong, *de la propriété d'après le code civil*, p. 30, 31.

(2) P. J. Proudhon pensait que sans l'hérédité, il n'y avait plus de famille. *Système des contradictions économiques*, t. II, p. 201. (Nouv. éd. Marpon et Flammarion, éd.)

maine de la dévolution à la famille par la volonté présumée du défunt, dans l'un comme dans l'autre cas, le droit a la même origine : la propriété de la famille se perpétue dans ses survivants (1).

On voit donc que le droit de propriété foncière a le même caractère juridique, qu'il s'agisse d'une propriété possédée en commun par les membres d'une même famille (comme la *zadruga* bulgare), ou d'une propriété possédée par un chef de famille (*pater-familias*) qui la transmet à ses descendants ou aux membres de sa famille. Dans les deux hypothèses, il s'agit d'une propriété absolue, perpétuelle, exclusive, d'un véritable droit de propriété privée.

Si à l'origine, les premiers hommes, pasteurs ou chasseurs, n'attribuaient que peu de

____

(1) Paul Leroy-Beaulieu, t. Ier, p. 592 et suiv. — Troplong, *ut supra*. — Aubry et Rau, t. VI § 588. — Demolombe, t. Ier, *des successions*, n° 80. L'étroite union de la propriété foncière et de la famille se manifeste avec évidence dans l'organisation particulariste de la famille (Henri de Tourville, *Histoire de la formation particulariste*, p. 96, 101, 114, 119 et suiv. 150. (Firmin-Didot, éd.)

valeur à la terre, il n'en faut pas déduire que la propriété privée n'ait point existé. On retrouve ses traces dans les temps les plus anciens (1).

Nous voyons la propriété privée de la terre chez les peuples les plus divers. Non seulement les Romains l'établissent sur des bases immuables, et en donnent une définition si précise que tous les peuples civilisés l'ont adoptée, mais d'autres nations admettent la propriété privée, avec des modalités accentuant singulièrement l'idée de perpétuité du droit de propriété, et son caractère absolu et exclusif.

La législation de Moïse est très caractéristique en ce sens. En vain a-t-on prétendu que la propriété foncière individuelle était inconnue des Hébreux. Si certains textes disent que la terre ne se vendra pas à perpétuité parce qu'elle est à Dieu (2), il ne faut voir dans ce précepte qu'un hommage mystique, la recon-

---

(1) Aucoc., *La question des propriétés primitives*, p. 5. — Herbert Spencer, *Principes de sociologie*, t. III, § 537, p. 721.

(2) *Le Lévitique*, ch. XXV, vers. 23, 24 (*Sainte Bible*, trad. Carrière, Paris, Lefèvre, éd. 1838, t. Ier, p. 344.)

naissance purement religieuse d'un droit divin supérieur, sorte de *domaine éminent*, ne faisant pas obstacle au droit de propriété privée de la terre. Autrement en effet ces textes seraient en contradiction absolue avec tous ceux de l'Ancien Testament qui proclament l'existence de la propriété privée et la déclarent inviolable et sacrée (1).

Non seulement la propriété foncière avait ainsi les principaux attributs de la propriété individuelle, mais la propriété foncière de la famille revêtait une forme exclusive et abso-

---

(1) *Le Deutéronome* (ch. V, vers. 21) s'exprime ainsi : « *Non concupisces* uxorem proximi tui; *non domum, non agrum*, non servum, non ancillam, non bovem, non asinum, *et universa quæ illius sunt.* » (*Sainte Bible, ut supra,* t. Ier, p. 478.) — Ce même texte est reproduit dans l'*Exode*, ch. XX, vers. 15. (*Sainte Bible, ut supra,* t. Ier, p. 215.) — C'est non seulement l'inviolabilité de la propriété privée de la maison, mais aussi du sol, du champ (*ager*) qui est proclamée par ces textes. — Le *Deutéronome* dit : « *Maledictus qui transfert termina proximi sui.* » (Ch. XXVII, vers. 17, *Sainte Bible, ut supra* p. 530). Peut-on voir une affirmation plus énergique du caractère inviolable et sacré de la propriété privée de la terre, que cette malédiction prononcée contre celui qui en déplace les bornes? Cette malédiction avait d'ailleurs dans la législation hébraïque de graves conséquences.

lue d'une singulière énergie et d'un caractère très particulier par l'institution du jubilé. Chez les Hébreux, la vente des immeubles n'avait lieu que sous condition de rachat, mais en plus les biens-fonds étaient attachés aux familles de telle sorte que tous les cinquante ans, ces biens aliénés, au cours de cette période d'un demi-siècle, faisaient retour à la famille. Cette cinquantième année était appelée l'année du jubilé. Ainsi ce n'était que vis-à-vis de l'acquéreur, étranger à la famille, que la propriété perdait son caractère de perpétuité, et cela pour sauvegarder le fonds patrimonial. Mais on voit combien était fort le lien unissant l'homme à la terre, puisqu'en principe ce lien ne pouvait être rompu, lorsqu'il s'agissait d'un bien de famille (1). La propriété foncière privée existait donc chez les Hébreux, et si elle subissait certaines conditions dans son exercice, elle était bien caractérisée et singulièrement protégée (2).

---

(1) *Le Lévitique*, ch. XXV, vers. 10, 11, 13, (*La Sainte Bible*, id. ibid., t. I⁰ʳ, p. 343.)

(2) Paul Leroy-Beaulieu, t. I⁰ʳ, p. 514. — Henri Joly, *Le socialisme chrétien*, p. 12 et suiv. (Hachette, éd. 1892.) —

Enfin cette législation tout à fait unique du peuple Hébreu, était sans doute fondée sur le caractère de ce peuple et avait pour but de protéger les familles contre les entraînements de la spéculation. De là ces mesures tutélaires en faveur de la propriété, mesures qui n'ont leur analogue dans aucune autre législation.

La propriété privée était aussi en honneur chez la plupart des anciens peuples de l'O-rient : ainsi chez les anciens Egyptiens, chez les Babyloniens, chez les Assyriens (1).

On la trouve également en Chine (2). A l'o-rigine, la propriété y était plutôt féodale que collective. Déjà au IIIe ou IVe siècle avant notre ère, la propriété individuelle s'établit ; après avoir traversé des phases diverses, elle y existe encore aujourd'hui, et paraît fondée

---

Cathrein, trad. Frisch, *La propriété foncière privée et ses adversaires*, p. 19. (Louvain, 1894, Dieudonné, éd.) — Conf. Meyer et Ardant, *La question agricole*, p. 270 et suiv. (Mo-rot, éd.)

(1) Cathrein, *La question sociale. La propriété foncière pri-vée et ses adversaires*, (trad. du Dr Frisch, Dieudonné, éd. Louvain, 1894, p. 23, 28, 31. — Maurice Block, *Le socia-lisme moderne*, p. 111.

(2) Paul Leroy-Beaulieu, t. Ier, . 535 et 544. — Maurice Block, *ut supra.*

surtout sur le travail. (On doit toutefois observer qu'en Chine plus qu'ailleurs, le domaine éminent de l'Empereur s'imposait aux propriétaires fonciers.) La propriété de la terre y est très morcelée et constitue surtout une propriété familiale très sérieusement garantie, et que l'on peut dire inviolable et sacrée.

Dans les pays annamites, la propriété a également un caractère de propriété de famille, et cette propriété emprunte un caractère particulièrement absolu et exclusif à la constitution très forte et presque indissoluble de la famille. Là encore, il ne s'agit pas d'une propriété collective existant entre tous les hommes, comme le rêvent nos socialistes, ni même d'une propriété collective entre les hommes d'une même race, mais d'une propriété de chef de famille, exclusive et absolue, de la propriété privée de la terre (1).

---

(1) Paul Leroy-Beaulieu, *ut supra*. — Cathrein, *id. ibid.*, p. 32 et 33. — Conf. Meyer et Ardant, *La question agraire*, p. 21 et suiv. p. 32 et suiv. — Certains de ces renseignements m'ont été communiqués personnellement.

Le domaine éminent de l'Empereur de Chine lui permettait de s'emparer de toute terre inculte.

Ces exemples, établissant l'universalité de la propriété foncière privée, pourraient être multipliés.

On pourrait facilement démontrer que plus près de nous, en Europe la propriété individuelle de la terre était admise, non seulement à Rome, mais aussi dans les principales nations. Ainsi en Grèce (1), en Gaule (2), même en Germanie (3), la propriété privée de la terre existait depuis les temps les plus reculés. D'après certains auteurs, la marke germani-

---

(1) Fustel de Coulanges, *La cité antique*, p. 63 et suiv. — M. Block, *ut supra*.

(2) Bien que l'on possède peu de textes relatifs au régime de la propriété en Gaule, il est certain que la propriété individuelle de la terre y était admise. Ainsi notamment on voit que les Druides jugeaient les contestations relatives aux bornes des propriétés, (Cæsar, *Commentaires*, Livre VI, n° XIII; voir aussi Livre VII, n° LXXVII). — Fustel de Coulanges, *Histoire des Institutions politiques de l'ancienne France*, t. Ier, p. 11.

(3) La loi salique en fait foi. On sait que cette loi célèbre appelait les enfants mâles à succéder à la terre, à l'exclusion des femmes. (*Lex salica*, titre XLII, de Alode. Texte cité : Rép. Dalloz, t. Ier, *Essai sur l'histoire du droit français*, p. 68, note. — Fustel de Coulanges, *Histoire des Institutions politiques de l'ancienne France*, t. Ier, p. 460 et suiv. — Michelet, *Origines du droit français*, Introduction p. XXVI et suiv. (Hachette, éd. 1839.)

que même ne se rattacherait pas à un collectivisme des premiers âges (1).

Enfin le *Mir* russe lui-même ne remonte pas à une propriété collective originaire, comme on l'a prétendu, mais à l'institution féodale de l'ancienne Russie. Le sol cultivé par le paysan russe n'était pas sa propriété, mais la propriété du seigneur qui rendait solidaires entre eux, du rendement de la terre tous les pères de famille: de là les partages périodiques de culture entre les paysans sur la terre du seigneur (2). Ce n'est que dans les temps plus récents que la propriété des terres du Mir a pris un caractère collectif.

D'une manière générale, on peut dire que le droit de propriété privée ou individuelle de la terre a été connu dans tous les temps et par tous les peuples, et que le commun assentiment de l'humanité est le plus sûr garant de sa légitimité et de son affinité au droit naturel (3).

---

(1) Cathrein, *op. sup. cit.*, p. 12 et suiv.

(2) Cathrein, *id. ibid.*, p. 10 et suiv.

(3) Voir sur la symbolique du droit de propriété : Miche-

En France, sous l'ancienne monarchie, et concurremment avec l'existence de la propriété privée, nos pères connurent un certain socialisme, communisme ou collectivisme dont on a pu dire : « mots nouveaux, systèmes anciens — qui, loin d'être le but final des sociétés policées, accompagnent au contraire l'aurore des sociétés en formation. » (1)

Les municipalités réglementaient toutes choses qu'elles estimaient d'intérêt public : ainsi les denrées alimentaires étaient taxées, les époques des récoltes étaient rigoureusement fixées. La propriété était souvent collective dans la famille, le clan ou la commune, et par amour de l'égalité, on se livrait à des partages fréquents des terres. Le plus souvent le communisme consistait en droits de jouissance en commun, soit sur les bois, soit sur les pâturages, etc. On voit encore des traces de ces droits, spécialement dans l'existence des biens communaux, dans les droits d'af-

---

let, *Origines du droit français*, p. 71 et suiv. et Introduction p. XXI et suiv. (Hachette, éd. 1837.)

(1) M. Georges d'Avenel, *Découvertes d'histoire sociale*, p. 61.

fouage, dans les droits de vaine pâture, etc.

Ce que l'on peut retenir de ce communisme local, c'est qu'il donnait lieu à des contestations continuelles.

Pour des raisons diverses, la propriété privée se généralisa ; la terre appartint au paysan, soit en propriété, soit par des baux de plus ou moins longue durée. (1)

« Le passé tout entier, conclut M. Georges
« d'Avenel, nous offre le spectacle des forces
« économiques se jouant des combinaisons lé-
« gislatives, que ces combinaisons soient
« l'œuvre d'aristocrates ou de démocrates,
« qu'elles aient pour but de maintenir ou
« d'empêcher certaines inégalités des condi-
« tions. » (2)

De tout cela il résulte que dans la France du Moyen-Age, la propriété collective des terres, là où elle existait, institution des nations en formation, et n'ayant pas un caractère général, se transforma comme partout en propriété privée, avec les progrès de la civilisation.

---

(1) *Id. ibid.*, p. 44, 46 et suiv.
(2) *Id. ibid.*, p. 59.

En résumé, jamais à aucune époque, on n'a considéré la terre comme étant commune à tous les hommes, et jamais le système socialiste n'a eu d'application véritablement sérieuse et universelle. (1) La mise en commun de la terre ne peut se concilier avec le caractère absolu et exclusif du droit de propriété, droit émanant du droit naturel, mais fondé aussi en partie sur le travail individuel. Par suite, à tous les âges de l'humanité et dans la presque totalité des nations, on voit le sol constituer une propriété privée, dont les modalités ont pu varier, mais qui possède les principaux caractères du droit de propriété privée.

Qu'on envisage même la propriété de la famille ou même de la tribu sur le sol, il ne s'est jamais agi d'un droit collectif au profit de l'humanité prise dans son ensemble, ni d'un droit vraiment égalitaire, dans la plupart des cas, mais d'un droit privatif et exclusif: c'est-à-dire que les membres de la famille

(1) Paul Leroy-Beaulieu, t. 1er, p. 539, 541 et suiv.

ou de la tribu ont toujours revendiqué énergiquement leur droit exclusif sur leurs terres, à l'encontre et à l'exclusion absolue de tout le reste de l'humanité. Ainsi que nous l'avons fait observer, l'histoire abonde de faits de guerre qui depuis les temps les plus reculés n'ont eu d'autres mobiles, ou que la défense de leur territoire par les familles, les tribus et les nations, ou que la conquête des terres voisines. Les recherches historiques que l'on a faites sur la question ne prouvent donc en aucune façon que la terre ait été à une époque quelconque propriété commune ou collective, ces recherches historiques ne peuvent effacer la réalité de faits répétés à toutes les pages de l'histoire.

Quant à la propriété familiale, nous avons démontré qu'indépendamment des faits précités, elle n'avait aucun rapport avec la propriété sociale ou collective, mais que bien au contraire elle était l'affirmation la plus puissante du droit de propriété privée.

Même là où la terre a été propriété commune de quelques tribus, il semble que les transformations, imposées par la nécessité

des choses et surtout par les progrès de la
civilisation, ne soient que l'application d'une
idée instinctive de l'homme qui entend faire
sienne la chose à laquelle il a consacré tout
ce qu'il possède, toute son intelligence et
toute son énergie. A ce point de vue encore le
droit de propriété individuelle apparaît bien
comme un droit originaire et naturel, légitimé
par la logique et par la plus stricte équité (1).

Quant à la propriété collective, elle a été
une rare exception et tend de plus en plus à
le devenir, autant sous la poussée instinctive
du genre humain que sous les exigences qu'impose une civilisation de plus en plus parfaite.
Mieux que tous les raisonnements, les quelques spécimens de propriétés collectives qui
subsistent encore dans l'univers, attestent
les misérables résultats de la propriété collective et son impuissance économique.

Telle est l'impression qui se dégage de la
lecture des auteurs mêmes qui ont le plus
cherché à établir le prétendu caractère ori-

---

(1) Paul Leroy-Beaulieu, t. 1er, p. 533, 539, 562. — Ca-
thiein, *op. sup. cit.*, p. 8, 10 et suiv.

ginaire et traditionnel, et la prétendue supériorité économique de la propriété collective de la terre (1).

Le droit de propriété privée de la terre, dérivant du droit naturel et conforme à l'usage généralement admis chez tous les peuples, trouve aussi, dans une certaine mesure, une raison d'être et une justification, du fait qu'il est souvent le produit du travail et de l'épargne. Contrairement à ce que beaucoup prétendent, le travail et l'épargne ne sont pas les seules sources de tous les droits, mais ils vivifient et consacrent très souvent le droit de propriété individuelle. (voir *infra* chap. III.)

---

(1) Il ressort de l'ouvrage de M. de Laveleye sur *la propriété et ses formes primitives*, que la propriété collective n'a jamais régné, non seulement sur l'univers entier, mais même sur de grandes étendues, qu'elle a seulement existé entre les membres de certaines tribus ou nations, et que même dans ces conditions la propriété collective n'apparaît qu'à titre plutôt exceptionnel. Cela est vrai incontestablement à l'époque actuelle, où les quelques spécimens archaïques de propriétés collectives tendent de plus en plus à disparaître d'eux-mêmes. Il est à remarquer que la grande variété des divers types de propriétés collectives est bien la preuve qu'il ne s'agit pas de restes d'une organisation originaire de la propriété du sol.

On ne saurait poser en effet comme règle
absolue que le travail légitime à lui seul le
droit de propriété individuelle s'appliquant à
la terre. Sans doute, ainsi que nous l'avons
vu, c'est grâce au travail et au capital que la
terre peut être utilisée : il serait souverainement injuste de priver l'homme du fruit de
ses peines et de lui refuser la propriété absolue de cette terre qu'il a faite sienne par
son labeur acharné et par les dépenses de
toutes sortes qu'il a incorporées au sol. Ces
raisons s'appliquent aussi bien au propriétaire du sol qu'au cultivateur proprement dit
(chap. III *infra.*)

Mais le droit de propriété ne naît pas en
principe du travail. D'abord le travail ne tire
rien du néant, il ne fait pas de rien quelque
chose : le travail ne crée pas, dans le sens
absolu du mot; il suppose au contraire un
objet déjà existant sur lequel l'homme a déjà
un droit. Ce droit antérieur à tout travail
existe donc sans aucun doute, c'est le droit
naturel dont nous avons démontré l'existence;
c'est l'émanation de cette liberté naturelle
qui appartient à tout être humain. Le droit de

l'homme sur les facultés naturelles du sol s'affirme par le travail qui les fait éclore. Ainsi il est de toute évidence que le droit de propriété est antérieur au travail et à l'épargne, comme il l'est à la première occupation, car le travail, l'épargne, l'occupation supposent nécessairement un objet, un meuble ou immeuble, qui est déjà la propriété de quelqu'un (1).

Cependant si la plupart des propriétés foncières nécessitent des travaux souvent très importants, si même on peut dire que certaines propriétés foncières sont presque entièrement l'œuvre de l'homme (ainsi les Polders en Hollande, les Landes en France) (2), d'autres propriétés très rares n'exigent que peu ou pas de travail ; par exemple, un terrain en friche, ou encore une source, une forêt, toutes choses qui peuvent être possédées parfois sans travail appréciable (3).

Mais il y a plus, le travail est loin de pro-

----

(1) M. Block, *Les progrès de la science économique*, t. Ier, p. 478 et 496. Troplong, p. 14, 17 et 24.

(2) M. Block, *Le socialisme moderne*, p. 114.

(3) Paul Leroy-Beaulieu, t. Ier, p. 548.

curer un résultat proportionné à l'effort donné, et il en est de même de l'épargne (1).

A ce point de vue, il serait donc inique de considérer le travail et aussi l'épargne, comme générateurs de tous droits et spécialement du droit de propriété foncière.

Sous un autre rapport, cette solution s'impose par le motif que toute autre serait injuste et aboutirait à un résultat impraticable.

Le travail humain est ordinairement successif, surtout le travail de la culture, ce n'est qu'au bout d'un temps plus ou moins long, au bout de longs mois, souvent après des années, que ce travail peut avoir un effet utile sur la parcelle de terre qui en est l'objet. Dans ces conditions, à partir de quel moment aurait-on le droit de se dire propriétaire du sol ? Quelle importance et quelle durée devraient avoir les travaux pour qu'ils vous confèrent le droit de propriété ? Par exemple, serait-ce au bout d'un an, ou au bout de dix ans qu'on labourerait un champ, qu'on pour-

______

(1) Paul Leroy-Beaulieu, t. 1er, p. 547, t. IV, p. 725. Frédéric Bastiat, *Harmonies économiques*, t. VI, p. 341. (Guillaumin, éd. 1893.)

rait s'en dire propriétaire? Qui donc pourrait s'ériger juge de la somme de travail nécessaire pour légitimer le droit de propriété? Conçoit-on l'arbitraire, l'incertitude, l'absurdité de cette situation? Donc le travail n'est pas, ne peut pas être, l'unique fondement de tout droit et spécialement du droit de propriété individuelle s'appliquant à la terre. Donc il est impossible d'admettre que le cultivateur acquiert un droit de propriété sur le sol, par le seul fait de son travail. Donc la théorie de certains socialistes : la terre est à celui qui la cultive, est logiquement inadmissible ; de plus, elle est injuste puisqu'elle ne tient nul compte des travaux faits par le propriétaire qui ne cultive pas lui-même ; elle est un véritable non-sens, impraticable en fait.

De même que le travail, le capital et l'épargne ne peuvent à eux seuls créer, en théorie, le droit de propriété individuelle ; toutefois ils concourent en fait, à la justification de ce droit dans une mesure parfois très importante (1).

____

(1) Paul Leroy-Beaulieu, t. Ier, p. 547, t. IV, p. 725. — Cauwès, t. III, § 959, p. 343, 344. — F. Bastiat, *Harmonies économiques*, t. VI, p. 341, 344. — Troplong, *de la propriété,*

De même encore la prise de possession du premier occupant n'est pas la créatrice du droit de propriété individuelle, elle n'intervient que comme l'affirmation matérielle d'un droit inné et préexistant. Autrement dit : ma prise de possession n'est légitime, que parce qu'en l'exerçant, sans léser aucun droit, j'invoque un droit naturel qui m'est personnel, j'affirme ma liberté, j'affirme ma personnalité. De même le travail et le capital ne sont que la confirmation du droit de propriété. Ce sont les diverses applications de cette liberté qui appartient à tout homme : liberté de diriger ses actions, son industrie, ses facultés, comme il l'entend.

En résumé, le droit de propriété privée du sol est un droit naturel, une émanation de la liberté, et le travail n'est qu'une affirmation complémentaire de ce droit. Le droit naturel, cause première de tous les droits, s'applique donc logiquement au droit de propriété individuelle du sol.

---

p. 17. — M. Block, *Les progrès de la science économique*, t. I⁰ʳ, p. 495.

Enfin notre doctrine qui considère le droit de propriété foncière comme une émanation du droit naturel, a des effets éminemment pratiques, puisque du moment où il s'agit d'un droit naturel, ce droit doit se trouver efficacement protégé contre toutes les entreprises. Ces observations et ces réserves étant faites, nous reconnaissons sans peine que la propriété foncière, véritable extension de la personnalité humaine, est mise en valeur, parfois même presque créée par la main de l'homme. En tous cas, le travail et le capital coopèrent dans une mesure plus ou moins large à consacrer le droit de propriété individuelle de la terre. Le rôle du travail et du capital dans l'exercice du droit de propriété foncière est d'une telle importance que l'on peut dire que c'est grâce au travail et au capital, que le sol, que la terre a une valeur productive, et que sans le travail et le capital, la terre, au point de vue économique, serait rien et même moins que rien : c'est-à-dire que, sans le travail, non seulement la terre ne donnerait aucun produit appréciable, mais serait parfois pour son possesseur une

cause de dépenses onéreuses. Ainsi l'axiome :
« l'homme fait la terre », que l'on ne peut
donner comme une vérité absolue, est cependant vrai dans une large mesure.

En effet, qu'il s'agisse de la propriété collective, telle que la rêvent les socialistes, ou
du droit de propriété privée, basé sur le droit
naturel, on suppose que le droit collectif ou
le droit individuel, porte sur une terre inculte, sur la terre vierge, telle qu'elle existe
avant tout travail de l'homme. Or cette terre
vierge est, presque toujours, dans cet état,
improductive, c'est-à-dire qu'elle ne peut donner en règle générale des produits agricoles
appréciables, mais seulement des fruits sauvages, ordinairement de peu de valeur.

Non seulement cette terre vierge sera peu
ou pas productive, mais elle donnera lieu à
des dépenses importantes, à de longs et
grands travaux pour devenir susceptible d'un
rendement régulier et rémunérateur. Nous
verrons que les travaux de défrichement et de
mise en état de culture étaient le plus ordinairement très onéreux, que ce n'était qu'au
bout d'un temps plus ou moins long que la

terre devenait productive, que c'était si bien
le travail seul de l'homme qui faisait éclore
les facultés productives du sol, que du jour
où ce travail venait à cesser, ces facultés
disparaissaient, et que la terre redevenait
non seulement inculte et improductive, mais
même malsaine. (*Infra* ch. III).

De tout cela, il ressort avec la dernière
évidence que le droit de propriété, bien
qu'émanant du droit naturel, ne peut être
réalisé effectivement qu'avec le concours du
capital et du travail, et que la plupart du
temps ce concours est nécessaire et obligatoire, pour que le droit de propriété sorte du
domaine de la théorie. Bien plus la légitimité,
l'incontestable équité du droit de propriété
privée éclate aux yeux de tous, si l'on songe
que le travail a transformé la terre, et qu'il
est par suite, de toute équité, que l'auteur de
cette transformation soit investi d'un droit
qui lui donne un pouvoir absolu sur cette
terre, en grande partie son œuvre. C'est ce
que nous établissons dans le chapitre suivant.

CHAPITRE III

LA PROPRIÉTÉ FONCIÈRE INDIVIDUELLE
FONDÉE SUR
LE TRAVAIL, LE CAPITAL ET L'ÉPARGNE

Nous avons vu que des socialistes présentent une série d'arguments contre la propriété du sol. D'après eux, le travail de l'homme est la seule et unique source de tous les droits; c'est pour cette raison, que ce que fait ou produit un homme est sa propriété. Tout individu est donc propriétaire légitime des produits de son travail, ou, en cas d'échange, de leur équivalent (1). Ainsi, tout individu ne pourra posséder en propre que ce qu'il a fait

---

(1) Karl Marx, *Le capital*, trad. Vilfredo Pareto, p. 3 et suiv. (Guillaumin, et Alcan. éd.) — Henry George, *Progrès et pauvreté*, trad. P. Le Monnier, p. 316 et suiv. (Guillaumin, éd. 1887.) Georges Renard, *Le régime socialiste*, p. 34 et suiv. (Félix Alcan, éd. 1904.) — Conf. Karl Marx et Engels, *Manifeste du parti communiste*, trad. Laura Lafargue, p. 35. (Giard et Brière, éd. 1901.)

lui-même ou ce qu'il s'est procuré en échange de son travail personnel, (tels que meubles, bétail, etc.), on concède même que l'on peut être propriétaire de la maison que l'on fait construire. Enfin, d'une manière générale, on admet, qu'il peut y avoir propriété privée des choses consommables et des instruments de travail personnel. Ainsi le droit de propriété est fondé uniquement sur le travail; c'est, dit-on une théorie très simple et très solide, et on en conclut que les terres, n'étant l'œuvre de personne, ne peuvent appartenir individuellement à personne (1).

On distingue dans la propriété foncière : la rente du sol ou de la terre et le produit du travail. La rente de la terre ne se réfère à aucun travail du propriétaire ou de ses ayants-cause. On peut dire qu'elle représente seulement l'avantage naturel de fertilité ou l'avan-

____

(1) Georges Renard, *ut supra*. — Henry George, *ut supra*. — Jules Guesde, *Essai de catéchisme socialiste*, (Bruxelles, 1878) p. 54, 55 ; ce dernier auteur n'admet pas la propriété individuelle même des produits consommables, sur lesquels on n'aurait jamais qu'un droit de jouissance limité et conditionnel.

tage social de situation qu'ont certaines terres relativement aux terres les plus pauvres ou les plus mal situées (1).

Or, disent les socialistes, si le propriétaire peut avoir un droit sur le produit de son travail, il n'en a aucun sur la terre et ses facultés productrices et naturelles : par suite, la terre en elle-même qui a une valeur intrinsèque, et la rente de la terre, n'étant pas le produit du travail, l'homme n'y a aucun droit (2). La conclusion est que les propriétaires possédant sans droit tout ce qui n'est pas le produit de leur travail, peuvent être dépossédés du sol, sans avoir droit à indemnité pour la rente du sol (3).

---

(1) Telle est la définition que M. Paul Leroy-Beaulieu donne de la rente de la terre, t. I, p. 710. — Voir aussi Ricardo, trad. Constantio, p. 34, (Guillaumin, éd.)

(2) De même qu'un homme s'appartient à lui-même, dit Henry George, de même son travail, mis sous une forme concrète lui appartient. Et pour cette raison ce que fait ou produit un homme est sa propriété. Ce droit à la propriété qui naît du travail exclut la possibilité de tout autre droit à la propriété. (Henry George, *Progrès et pauvreté*, trad. *ut supra*, p. 316 et suiv.) — Georges Renard, *Le régime socialiste*, p. 34 et suiv.

(3) Voir les auteurs cités aux notes précédentes. —

Un pareil raisonnement est faux à tous égards. On suppose d'abord comme indiscutable que le travail est l'origine de tout droit ; or ce point, comme nous l'avons établi, est loin d'être exact.

D'autre part, du moment où l'on admet, comme le font les collectivistes (1), que l'on est légitime propriétaire des objets mobiliers

---

Conf. sur ces divers points. — Léon Say et Chailléy, *Nouveau dictionnaire d'Economie politique*, t. II, v° *Socialisme*, p. 846. — Paul Bureau, *ut supra*, p. 240. — Jules Guesde, (*Essai de catéchisme socialiste*, p. 57, 58 et suiv. et la note) prétend que la plus-value résultant du travail individuel n'entre que pour une très petite partie dans la valeur de la propriété, et que celle-ci serait de moins en moins l'œuvre de son auteur. Une pareille affirmation est tellement contraire à la réalité des choses qu'il semble que la moindre réflexion suffit à la détruire. Les progrès constants, les améliorations et inventions de toute sorte, donnent au contraire une plus-value sans cesse grandissante à la propriété foncière. Des capitaux de plus en plus considérables sont consacrés aux immeubles de toute nature, aux immeubles urbains notamment; c'est le démenti le plus indiscutable adressé à ceux qui nient la plus-value donnée au fonds par le propriétaire.

(1) Voir les auteurs précités, notamment Georges Renard, p. 34 et suiv. — Nous savons que l'école de J. Guesde repousse ces solutions et dénie tout droit de propriété individuelle, même sur les objets mobiliers produits du travail.

produits du travail, ou en cas d'échange de leur équivalent, que l'on est même propriétaire de la maison que l'on fait construire à ses frais, on doit admettre, comme conséquence logique, indiscutable, que l'on a un droit de propriété non moins certain sur la terre que l'on exploite d'une façon quelconque ou sur laquelle on construit, et d'une manière générale sur le sol occupé.

En effet l'objet mobilier que vous avez fabriqué, ou la maison que vous avez construite ne sont, pas plus que la terre elle-même, uniquement un produit du travail, car les matières premières, dans l'un comme dans l'autre cas, ne sont pas le produit du travail de l'homme. L'argile dont le potier se sert pour tourner un vase, le marbre que le sculpteur transforme en statue, le bois dont le menuisier ou l'ébéniste fait un meuble, la pierre, le bois, le fer et tous les matériaux qui entrent dans la construction d'une maison, sont des matières premières que l'homme n'a pas fabriquées, et cependant, d'après la doctrine du socialisme collectiviste moderne, on reconnaît le droit de propriété individuelle

sur ces objets, sans distinguer, comme on le
fait pour la terre, entre la matière première
et le travail, et sans tenir compte de la valeur
de cette matière première, qu'il s'agisse même
d'or, de diamant ou de toute autre matière
précieuse composant un bijou.

Or il en est de même de la terre, un examen
quelque peu attentif le démontre avec évidence. La terre et ses facultés productrices
et naturelles constituent la matière première,
au même titre que l'argile, le marbre, le bois,
la pierre, le fer, etc. Le travail de l'homme
appliqué à la terre, quel que soit le but de ce
travail, que ce soit la culture ou la construction, ou toute autre cause, transforme la terre
à un degré parfois plus intense que l'ouvrier
qui fabrique un objet mobilier. C'est avec une
vérité qui est peu contestable en principe que
Michelet a dit en ce sens : « *l'homme fait la
terre* » (1).

----

(1) Michelet, *Le peuple*, p. 11. — Conf. Thiers, *de la propriété, passim*. — Troplong, *de la propriété d'après le Code
Civil*, p. 17 et suiv. p. 21 et suiv. — Ch. Gide, *Principes
d'Economie politique*, p. 473. (Larose, éd. 1884.) Cauwès,
Cours d'Economie politique, t. III, p. 360.

Prenons pour exemple la culture, et voyons les travaux très considérables qu'il faut effectuer pour transformer une terre sauvage en terre cultivée, pour la défricher, et ensuite pour maintenir cette même terre en bon état de culture : ce sont des pierres, des rochers à extraire et à enlever, de l'eau à détourner, à drainer ou à tarir, des arbres à déraciner et à abattre, des racines à arracher, des nivellements à effectuer, des accès à créer. Tous ces travaux et bien d'autres encore effectués pour la première mise en œuvre de la terre, sont souvent si considérables qu'il est constant que ces défrichements, du moins en Europe, sont une mauvaise opération économique pour ceux qui les entreprennent et qu'ils exposent plus souvent à des pertes qu'à des bénéfices. Il faut remarquer en outre que c'est avant d'avoir récolté aucun produit que le premier occupant doit faire les dépenses de défrichement et de premier établissement. Puis lorsque ces travaux préliminaires de défrichement sont faits, les travaux quotidiens de culture, les fumures, les amendements de toute nature continuent cette transformation de la terre, de telle sorte que l'on peut dire qu'aucune parcelle de ce sol n'est restée dans son état originaire et primitif, que c'est grâce à ces travaux que la terre devient réellement fertile (1).

Mais dira-t-on, ce raisonnement s'applique au cultivateur, c'est donc lui seul qui doit être propriétaire. C'est sur ce point qu'éclate l'erreur fondamentale du socialisme prétendant que le travail seul, légitime le droit de propriété individuelle, en passant sous silence le capital qui est cependant l'indispensable collaborateur du travail (2). Si le propriétaire ne cultive pas lui-même, ce sera ordinairement lui qui aura fait les frais de défrichement. de première installation et de mise en œuvre de la terre : bien plus il aura fallu des capitaux en réserve pour vivre jusqu'à ce que la terre ait donné une première récolte. Mais laissant de côté cette hypothèse, fréquente dans les pays neufs, mais bien rare dans notre

----

(1) Léon Say et Chailley, *Nouveau dictionnaire d'Economie politique*, v° Défrichement, p. 671 et 672.

(2) Paul Leroy-Beaulieu, t. Iᵉʳ, p. 195, 224 et suiv t. IV, p. 725. — Infra: p. 199 note.

vieille Europe, il est de principe que le propriétaire supporte les gros travaux des terrains en culture. Si en effet en règle générale, le cultivateur effectue les travaux nécessaires aux récoltes annuelles, le propriétaire paie tous les travaux qui par leur importance excèdent la jouissance, ne peuvent par suite être supportés par le cultivateur, et intéressent la conservation et l'amélioration du domaine. Ainsi c'est le propriétaire qui construit, reconstruit, entretient les bâtiments (réparations locatives exceptées), c'est lui qui fait les travaux de drainage, d'irrigation, etc., en un mot c'est lui qui effectue les travaux de reconstitution du domaine, ou tous les travaux un peu importants qui facilitent la culture ou lui sont indispensables (1); il fournit ordinaire-

----

(1) Ces obligations du propriétaire résultent de tout l'ensemble de notre législation, notamment : Code civil, titre du contrat de louage, art. 1719 et suiv., et des lois subséquentes, ainsi que de la loi du 18 juillet 1889 sur le bail à colonat partiaire. — Voir sur les obligations du propriétaire bailleur : *Rép. gén. du droit français*, v° Bail, n°s 521, 535 et suiv. — Dans le colonat partiaire, le propriétaire contribue même dans une certaine mesure à quelques-uns des frais annuels de culture.

ment des ustensiles nécessaires au cultivateur, tels que pressoir, cuves, etc. Le propriétaire collabore donc d'une manière très effective et souvent très onéreuse à la culture. Un des exemples les plus frappants de l'intime collaboration du propriétaire et du cultivateur, autrement dit du capital et du travail, s'est produit lors de la reconstitution des vignobles détruits par le phylloxera. Cette reconstitution a nécessité des avances de fonds relativement considérables à la charge du propriétaire. Dans certaines régions, dans le département du Rhône notamment (Beaujolais) où le colonat partiaire est d'usage, le propriétaire a fourni les capitaux nécessaires pour la reconstitution des vignobles, et le vigneron ou colon partiaire la main d'œuvre en totalité ou en partie. Dans les départements où la vigne est cultivée à la tâche, la totalité de la dépense, main d'œuvre comprise, a incombé aux propriétaires : il en est de même lorsque les vignes sont affermées, car c'est la substance même de la chose louée qui est atteinte (1).

____

(1) Voir sur le caractère juridique de ces travaux, et

On pourrait multiplier les exemples qui frappent peut-être plus l'esprit lorsqu'ils s'appliquent à des terres cultivées par un colon partiaire ou métayer, mais existent non moins réellement lorsque la terre est louée à un fermier, la collaboration du propriétaire à la culture y est non moins réelle. Les capitaux des propriétaires paient tous les travaux que le fermier est ordinairement dans l'impossibilité de faire aussi bien en fait qu'en droit.

Qu'il s'agisse de céréales, d'herbages, de vignobles ou de toutes autres cultures, même de forêts, les mêmes raisonnements s'appliquent; quels que soient les immeubles, que ce soient des carrières ou des mines, la collaboration intime du capital et du travail crée la propriété, la soutient et l'entretient. C'est par milliards qu'il faut évaluer les sommes que les propriétaires fonciers ont incorporées au sol de la France (1).

---

d'une manière générale, sur les conséquences de l'invasion phylloxérique, notre ouvrage, *Le phylloxéra en droit administratif et en droit civil.* (Berger-Levrault, éd. 1896.)

(1) Paul Leroy-Beaulieu, t. Ier, p. 574 et suiv. p. 761 et suiv.

Appliquée aux immeubles urbains, la collaboration du capital et du travail justifie également la propriété individuelle. Il est évident qu'un terrain nu que l'on recouvre de constructions de six étages et que l'on creuse profondément est transformé par le travail de l'homme d'une manière aussi complète que le marbre que l'artiste transforme en statue.

D'après certains socialistes ou socialisants : « Le fondement de la propriété foncière diffère « de celui sur lequel s'appuie la propriété mo- « bilière. Tandis que celle-ci repose sur un tra- « vail accompli qu'elle récompense, la propriété « immobilière au contraire n'est reconnue que « parce qu'elle est la condition *sine qua non* « d'un travail à accomplir. » (1)

Cette distinction est erronée : la propriété immobilière de la terre repose non seulement sur un travail à accomplir, mais aussi sur un travail déja fait. Le propriétaire rural n'a pas seulement en vue les travaux de culture et autres à effectuer, mais aussi les travaux

____

(1) *La propriété foncière*, par Paul Bureau, dans *la Science sociale*, (Demolins), octobre 1902, p. 352.

déja accomplis par ses prédécesseurs ou par lui-
même, travaux qui ont mis ses terres en valeur. Quant à la propriété d'une maison de
rapport, elle se fonde uniquement sur sa construction même, c'est à dire évidemment sur
un travail accompli, le raisonnement socialiste
est encore plus faux. L'assimilation de la propriété immobilière avec la propriété mobilière
est dans ce cas des plus complètes.

Donc ce qui est vrai pour les objets mobiliers
et pour la maison l'est également pour la terre,
le droit de propriété individuelle se justifie
pour les uns comme pour les autres par le
travail, mais aussi par d'autres raisons que le
seul travail.

En se plaçant à un autre point de vue, la
rente du sol, telle que la conçoit Ricardo et les
économistes de son école, et qui, d'après leur
définition, naît du droit d'exploiter « les facultés productives et impérissables du sol » (1),

---

(1) Œuvres complètes de Ricardo, trad. de Constancio,
p. 34 (Guillaumin, éd. 1882.) — Conf. Paul Leroy-Beaulieu,
t. I, p. 710.

ne fait pas échec à la légitimité du droit de
propriété individuelle du sol. Il faut en effet
reconnaître que les facultés naturelles du sol
ne deviennent réellement productives que par
le travail et avec l'aide du capital. Par suite,
dire que le propriétaire n'y a aucun droit,
parce que ce n'est pas le produit de son travail, c'est énoncer une contre-vérité. Il y a
toujours et nécessairement un travail à re-
cueillir les produits naturels du sol, en dehors
de toute culture : le fait de ramasser un fruit
ou de couper un arbre est un travail, le simple acte de prise de possession d'un sol vierge
peut être un travail. Les avantages de situation ou de fertilité du sol n'existent, en fait,
pour l'homme que parce que par un travail,
si minime soit-il, il utilise la terre ou ses produits. Si l'on sort de la théorie pour entrer
dans la réalité des faits, dans la plupart des
cas, en matière agricole notamment, les facultés productives et spontanées du sol ne profitent à l'homme que grâce au travail et aussi
au capital. Bien plus, prétendre que les facultés du sol sont impérissables, c'est méconnaître
la réalité des faits : des terres riches ont cessé

de l'être, du moment qu'on a cessé de les cultiver, il suffit de voir le sort des terres dans
certaines parties de l'Orient et même plus près
de nous en Italie et en Algérie. Ces terres ja-
dis fertiles, sont devenues par suite d'un long
abandon, insalubres et fort difficiles à remettre en état de culture. Non seulement elles ne
donnent aucun revenu appréciable, mais encore il faut faire de grands travaux de toutes
sortes : défrichement, drainage, etc, pour que
ces terres redeviennent productives et même
saines. Ainsi les facultés naturellement productives du sol avaient donc bien été réalisées
par le travail, et il a suffi que celui-ci s'arrête
pour que ces facultés périssent.

Certains économistes prétendent encore que
la plus-value du sol est souvent le résultat
de circonstances naturelles ou sociales, et que
par suite le propriétaire ne devrait pas y avoir
droit, c'est l' « *unearned increment* » ou plus-
value imméritée. Cette théorie que l'on peut
rapprocher en certains points de la rente du
sol, et par laquelle on voudrait attribuer à
l'Etat, à l'exclusion des propriétaires, une partie des bénéfices de la propriété, a un résultat

aussi injuste que déplorable. Il serait injuste
en effet de retirer aux propriétaires toutes les
bonnes chances, alors que ces chances ont été
sans doute favorisées et même augmentées par
les travaux et les capitaux de ces propriétaires ;
il serait déplorable pour l'utilité sociale que
l'on enlevât aux propriétaires le principal mobile qui les incite à travailler et à améliorer
leurs propriétés, c'est-à-dire l'espoir du meilleur gain possible. Donc on peut dire, en règle
générale, que la plus-value ainsi entendue
n'est nullement imméritée (1).

En résumé, si l'industrie humaine n'a pas
créé les facultés naturelles et productrices
du sol, ou les avantages résultant de circonstances sociales, elle les a fait éclore. Par
exemple, s'il y a un avantage sérieux à avoir
ses terres situées dans une riche vallée, et
s'il est certain que cette richesse du sol n'est
pas l'œuvre de l'homme, il est non moins certain que l'industrie et le travail utilisant cet

---

(1) Paul Leroy-Beaulieu, t. I, p. 693 et suiv. Voir p. 125
et suiv. le chap. II sur la part de la nature dans la production. — Cauwès, *Cours d'Economie politique*, t. III, p. 362.

avantage naturel, l'ont développé et en ont tiré un profit qui serait resté à l'état latent et n'aurait jamais été acquis à la société. On peut donc dire que si le travail et le capital ne créent pas les facultés naturelles du sol, ils les font éclore et leur conservent l'existence, autant dans l'intérêt particulier que dans l'intérêt social.

Mais on présente une autre série d'arguments, et l'on dit que le travail lui-même a changé de caractère, de personnel il est devenu collectif. La collectivité a remplacé l'individu : ainsi les grandes industries, les grandes propriétés sont ordinairement exploitées en société. D'autre part la propriété capitaliste est obligée de recourir à la main-d'œuvre salariée. Celle-ci concourt par des actes incessants et multiples, sous toutes les formes, à l'existence de propriétés dont elle ne retire pas les profits qui lui sont dus. Le capital s'est formé grâce à ces injustes retenues, c'est *la cristallisation du travail impayé*. La production se transforme d'une série d'actes individuels en une série d'actes sociaux. Il est donc logique

que ces propriétés ayant cessé d'avoir le caractère individuel soient socialisées au profit de la collectivité (1). On applique cette théorie en première ligne aux mines, aux chemins de fer, et en général aux grandes industries.

A première vue, on peut saisir toute la fausseté de ce raisonnement qui repose en réalité sur une équivoque ou sur une espèce de jeu de mots. En effet on prend les mots : *social*, *société*, dans deux acceptions différentes. La société est dans le sens ordinaire et actuel de ce mot, constituée avec des capitaux, dont les actionnaires et autres metteurs de fonds, doivent retirer une juste rémunération ; elle ne comprend en aucune façon dans ces termes, la société collectiviste qui bien loin d'apporter des capitaux, prétend s'approprier ceux qu'elle ne possède pas. On ne peut donc induire de ce que les mines, par exemple, sont constituées en société par actions, pour conclure que ces propriétés doivent être nationali-

____

(1) Karl Marx et Engels, *Manifeste*, p. 34, 35. — Eugène Fournière, *L'idéalisme social.* (F. Alcan, éd.); *Revue des Revues* du 15 octobre 1898, p. 155. Georges Renard, p. 36.

sées au profit de la société collectiviste (1).

L'argument se retourne même contre ceux qui l'invoquent, puisqu'il démontre au plus haut point la collaboration intime du capital et du travail et la nécessité absolue de cette collaboration. Il faut donc en déduire, contrairement à ce que prétendent les socialistes, que le travail ne fonde pas à lui seul le droit de propriété, et que le capital est son indispensable soutien.

Mais, dit-on, et c'est l'argument préféré des socialistes actuels, ces capitaux ont une origine injuste. car ils sont produits par le travail fourni par l'ouvrier, travail dont une partie ne lui est pas payée et qui constitue une espèce de *corvée : le capital n'est que la cristallisation du travail impayé* (2). Le capital serait ainsi le résultat d'une véritable extorsion.

N'envisageant cette question qu'au point de vue de la propriété foncière, nous ne pouvons

---

(1) En droit pur, la propriété des mines a bien le caractère d'un véritable droit de propriété.

(2) Karl Marx et Engels, *Manifeste*, p. 35. — Karl Marx, *Le Capital*, (trad. Vilfredo Pareto), p. 131, 135. — Eugène Fournière, *L'idéalisme social*, passim. — *Revue des revues*, 15 octobre 1898, p. 155.

nous étendre sur ce sujet qui se rattache surtout au problème ouvrier. Il nous suffira de dire d'abord, que prétendre que le capital est produit uniquement ou même principalement par le bénéfice ou la plus-value résultant d'une fraction du travail impayé, est une affirmation dont on ne donne aucune preuve sérieuse. Spécialement en ce qui concerne la propriété foncière, il y a une première mise de fonds, une part quelquefois importante de capitaux qui n'est pas, qui ne peut être produit, ni par le fonds lui-même, ni par une portion quelconque des salaires des ouvriers. Il est ainsi des capitaux employés à l'origine pour la première mise en exploitation, par exemple pour les premiers défrichements des terres, l'achat des premiers instruments, des premiers matériaux, etc., avant l'emploi d'aucun ouvrier. Cela est de toute évidence pour les mines, car on sait la très grande importance des dépenses qu'exigent non seulement leur exploitation, mais aussi leur première mise en œuvre avant tout produit.

Le raisonnement des socialistes suppose que le capitaliste, en l'espèce le propriétaire,

a toujours des bénéfices, puisqu'il les retire
non seulement de son entreprise ou de sa propriété, mais aussi d'une part qu'il retiendrait
sur le salaire de ses ouvriers. Mr Paul Leroy-
Beaulieu (1) répond avec beaucoup de raison,
qu'il est certain qu'un nombre relativement
considérable de capitalistes, industriels et
propriétaires, ne retirent qu'un bénéfice mé-
diocre, et même parfois nul, de leurs capitaux et de leurs propriétés. Appliqué aux mines, ce raisonnement est incontestable, car
pour certaines exploitations de mines pros-
pères, il en est un certain nombre dont les
produits sont minimes et même parfois né-
gatifs. Ce sont peut-être les mines dont les
revenus sont le plus aléatoires, du moins
au début, et dont cependant les travaux ont
le plus d'importance (2). Si le raisonnement
des socialistes était exact, la retenue sur les
salaires devrait permettre à toutes les propriétés, à toutes les exploitations. aux exploitations de mines par exemple, d'être rémuné-

---

(1) *Traité d'Economie politique*, t. II, notamment p. 207, 208.
(2) *Id. Ibid.*, p. 57, 65 et suiv.

ratoires pour les capitalistes et propriétaires. Il suffirait d'employer des ouvriers pour gagner de l'argent, même pour un travail peu productif en lui-même. En résumé, il est impossible de prouver sérieusement que le capital provient d'une retenue sur les salaires des ouvriers, le capital n'est donc pas la cristallisation du travail impayé. D'autre part, la collaboration indispensable du capital et du travail s'affirme dans cette nécessité où l'on se trouve de constituer des sociétés financières pour l'exploitation des grandes propriétés et des grandes industries.

Le rôle du capital dans l'établissement et l'entretien de la propriété foncière s'affirme également pour les immeubles urbains. C'est ainsi que la propriété bâtie, à Paris notamment, nécessite l'emploi de si gros capitaux que la plupart des propriétaires constructeurs sont obligés de recourir à des emprunts gagés par hypothèques, par exemple à des emprunts consentis par le Crédit foncier. C'est grâce à ces capitaux que les immeubles dits de rapport présentent tout ce confort moderne exigé des locataires. Mais c'est à tort que l'on prétend que les propriétaires n'ont qu'à encaisser des loyers, les très grosses dépenses qu'entraînent, non seulement la construction, le premier établissement, mais aussi les améliorations constantes (1) et les travaux d'entretien des maisons de rapport, toutes ces dépenses exigent des avances de capitaux. De toutes ces considérations, on doit conclure, pour la propriété urbaine comme pour la propriété rurale, que c'est par milliards qu'il faut évaluer le montant des dépenses faites par les propriétaires sur le sol de la France. Là encore le droit de propriété augmente la richesse publique, quand ce ne serait que par les travaux effectués par les ouvriers du bâtiment. A cet égard, on se remémore ce mot de Mirabeau : « Réprouver les capitalistes comme inutiles à la Société, c'est s'emporter follement contre les instruments mêmes du travail ! »

---

(1) Est-il besoin de faire remarquer toutes les améliorations très onéreuses exigées actuellement par les locataires et qui ne sont pas toujours compensées par le prix du loyer, ainsi : chauffage central, éclairage électrique, ascenseur, salle de bains, etc.

Comment nier l'utilité du capital, alors que les socialistes eux-mêmes sont obligés de reconnaître sa nécessité, seulement ils veulent s'emparer de ce capital en le socialisant.

En résumé, la propriété privée est conforme au droit naturel, elle n'est pas fondée sur l'injustice, elle n'est pas la cause première de l'inégalité entre les hommes.

Dans l'antiquité, là où elle a existé, la propriété collective n'est pas née d'un sentiment d'égalité entre les hommes, égalité dont on ne trouve nulle trace dans ces temps lointains, sorte de droit naturel originaire purement chimérique. En réalité, la propriété collective a été produite par une nécessité sociale et seulement là où il a été impossible de faire autrement. Aussi dès que cette nécessité a disparu, dès qu'un état plus civilisé a permis l'établissement de la propriété individuelle, s'est-on empressé de l'adopter.

La première prise de possession de la terre, l'occupation exempte de vices, n'est pas un vol, comme on l'a prétendu, mais est un acte légitime, conforme au droit naturel, au caractère exclusif de la possession naturelle du sol. Il est donc tout à fait inexact de prétendre que le sol n'est pas susceptible d'appropriation privée, puisque l'on ne peut en jouir que par une possession nécessairement privative et exclusive. L'occupation exempte de vices est donc légitime.

Enfin le travail ne peut justifier à lui seul la propriété individuelle du sol, pas plus d'ailleurs que la propriété des objets mobiliers, d'autres éléments collaborent à l'établissement de la propriété ; il en est ainsi notamment du capital (1), dont l'origine et le rôle sont trop souvent méconnus. L'épargne est aussi un des fondements les plus respectables du droit de propriété, les socialistes eux-mêmes n'osent le méconnaître. Or en bonne logique, le capital et l'épargne ne peuvent être séparés, l'un étant la conséquence de l'autre. Nous verrons enfin que d'autres considérations primordiales et d'une extrême importance justifient complètement le droit de propriété individuelle de la terre.

---

(1) En Nouvelle-Calédonie un concessionnaire de terre doit justifier d'un capital de 5 à 6.000 francs. (Décret du 10 avril et 9 octobre 1897).

CHAPITRE IV

LA PROPRIÉTÉ LÉGITIMÉE
PAR L'UTILITÉ PUBLIQUE ET L'INTÉRÊT SOCIAL

Les motifs précédemment exposés donnent au droit de propriété foncière individuelle une base vraiment juridique, équitable et rationnelle. Il est certain que ce droit est une émanation du droit naturel, de cette liberté qui appartient à tout homme, dès sa naissance, que ce droit est encore fortifié par la dure consécration du travail et de l'épargne. En raison, en droit et en équité, le droit de propriété individuelle de la terre trouve ainsi sa complète justification.

Cependant ce droit de propriété privée ou individuelle, tel qu'il est constitué et tel que l'admettent les législations de toutes les nations civilisées, est accusé d'être un droit égoïste, exclusif, antisocial et haineux de l'intérêt public. On prétend que la propriété collective au contraire prend sa source dans l'intérêt social et dans les sentiments altruistes qui doivent animer tous les êtres humains, tandis que la propriété individuelle en serait la négation (1).

Nous démontrerons que ces appréciations sont complètement erronées et naissent en grande partie d'une méconnaissance absolue du rôle social de la propriété individuelle. Ce droit, individuel dans son origine, ainsi que nous l'avons établi, est à la fois individuel et social, mais seulement dans ses conséquences et ses effets. L'intérêt social n'est pas l'unique raison d'être du droit de propriété individuelle de la terre, il ne fait que concourir, dans une certaine mesure, à sa justification. Cet intérêt social résulte notamment de ce que le régime de la propriété individuelle est le meilleur stimulant du travail, par suite la meilleure manière d'utiliser toutes les ressources de la nature, et d'obtenir des résultats bien supérieurs à ceux que donne ou peut donner la propriété collective. Mais ces effets si utiles du droit de propriété individuelle de la terre

____

(1) G. Renard, *Le régime socialiste*, p. 35 et suiv.

ne peuvent être réalisés que grâce au caractère exclusif, absolu, et perpétuel de ce droit.

Avant d'aborder ces questions, il est utile d'examiner dès maintenant deux théories qui paraissent méconnaître le caractère et la véritable origine de la propriété foncière individuelle. L'une, à la mode de nos jours, consiste à dire que la propriété individuelle de la terre ne se justifie que par son utilité; l'autre théorie, d'un caractère mixte semble vouloir concilier les opinions opposées, il prétend que le droit de propriété est à la fois individuel et social dans son principe.

Le système qui n'admet la propriété privée que parce qu'elle est conforme à l'intérêt public s'appuie sur une argumentation pleine de périls, argumentation d'autant plus dangereuse que l'on admet en même temps que c'est la loi seule qui fonde la propriété privée. Ainsi le droit de propriété individuelle ne se justifierait que par son utilité seule. Sans doute, ainsi que nous l'établirons par la suite, l'utilité sociale de la propriété individuelle est une des justifications de ce droit, mais nous avons vu qu'elle n'est pas sa seule raison d'être. Ce que nous tenons à démontrer dès maintenant c'est que, ne justifier le droit de propriété privée, qu'à raison seulement de son utilité, est une argumentation qui ouvre la porte au socialisme. Nous savons que le droit de propriété individuelle s'appuie, non seulement sur son utilité sociale, mais aussi sur d'autres raisons qui en font un droit indiscutable.

Ceux qui légitiment le droit de propriété individuelle en se fondant uniquement sur son utilité, se défendent il est vrai d'être socialistes, mais leur argumentation est sujette à critique et leurs conclusions manquent de logique.

Voici donc en quoi consiste ce mode de raisonnement : Le pouvoir social ne donne son assentiment au droit de propriété individuelle que parce qu'il apprécie que l'intérêt public, l'intérêt de tous, est d'accord avec l'intérêt privé. « Toutes les fois, dit M. Paul Bu- « reau, (1) que cette coïncidence des deux inté-

______

(1) *La propriété foncière,* Revue : *La science sociale,* (Demolins, octobre 1902, p. 353.)

« rêts n'existe pas ou cesse d'exister, la pro-
« priété privée n'est pas reconnue ou cesse de
« l'être ; c'est ce que vérifient à la fois et
« l'analyse des origines de la propriété indi-
« viduelle et l'histoire des réformes agraires.
« On se rend, il est vrai, suspect de tendan-
« ces collectivistes lorsqu'on met ainsi en
« vedette les exigences de l'intérêt public,
« mais ce soupçon est mal fondé aux yeux
« de ceux qui analysent plus exactement les
« lois sociales et qui savent que dans une
« bonne organisation sociale, il existe une par-
« faite harmonie entre l'intérêt collectif et
« l'intérêt privé : tous deux se soutiennent
« et se communiquent une vitalité toujours
« plus puissante... »

Si on dépouille l'idée de la phrase qui l'en-
veloppe avec art, si on met à nu le raisonnement, toute la doctrine se résume à ceci : le
droit de propriété individuelle dépend uniquement du point de savoir, s'il est utile ; il suffit
donc qu'on le déclare inutile pour qu'il soit
supprimé. On dit bien il est vrai, que dans
une bonne organisation sociale, il existe une
parfaite harmonie entre l'intérêt collectif et

l'intérêt privé. Mais ce que l'on ne dit pas c'est : qui sera chargé de faire régner cette bonne harmonie et comment on l'établira. Or que ce soit le législateur ou le pouvoir exécutif, ou toute autre autorité, le droit de propriété privée se trouve entièrement dans les mains du Pouvoir, il dépend d'une interprétation plus ou moins arbitraire de l'intérêt public ou de l'utilité sociale. Donc si le droit de propriété ne se justifie que par son utilité, il suffirait que l'autorité compétente déclarât qu'il est conforme à l'intérêt public de le supprimer pour que ce droit soit anéanti, soit pour certains cas particuliers, soit d'une manière générale et absolue (1).

On sait à quel point est arbitraire et variable l'appréciation de l'utilité publique, de l'intérêt public. Ce sont des termes juridiques dont la définition donne lieu à de nombreuses controverses ; leur sens exact est difficile à établir, et l'arbitraire peut facilement se glisser dans l'appréciation des faits. Pour que je sois

---

(1) Conf. Discours de M. Jean Jaurès. Chambre des Députés, séance du 14 juin 1906, *Journ. off.* 15 juin 1906, p. 1957.

exproprié, l'autorité compétente n'aurait-elle qu'à déclarer qu'il est de l'intérêt public que mon champ soit semé de blé au lieu d'être planté de pommes de terre, que ma terre soit couverte de constructions au lieu d'être mise en culture, ou simplement que l'intérêt public exige que mon fonds soit mieux exploité, ou cultivé d'après d'autres méthodes? Suffira-t-il que l'on prétende qu'il est de l'intérêt public que les terres soient cultivées par les propriétaires eux-mêmes et non par des fermiers ou des colons partiaires, ou encore par des journaliers, pour que l'expropriation ou la nationalisation ou socialisation des terres que le propriétaire ne cultiverait pas personnellement, puisse être prononcée? Conçoit-on une pareille incertitude et un pareil arbitraire pesant sur la propriété individuelle? Et cependant le système ci-dessus n'admettant le droit de propriété individuelle qu'à raison uniquement de l'intérêt public, autorise toutes ces hypothèses (1).

---

(1) Ces hypothèses n'ont rien de chimérique. On sait la tendance d'une école socialiste de soustraire à la grande

Est-il bien admissible également qu'un droit no soit légitimé que par son utilité, que parce qu'il est conforme à l'intérêt public, sans tenir compte des idées de justice qui doivent se trouver à l'origine de tous les droits ? Enfin ce qui frappe surtout dans ce système, c'est que tout en constatant l'utilité sociale de la propriété individuelle, il ouvre néanmoins en fait, la porte aux ennemis de cette propriété, et leur donne les moyens de la supprimer en la livrant à l'arbitraire. Il pèche donc par un manque de logique dans ses conséquences, en n'entourant d'aucune protection sérieuse un droit dont il proclame cependant l'utilité sociale, l'intérêt public évident ; il peut donc aboutir au socialisme (1). Isolé, ce système de justification du droit de propriété se détruit lui-même.

---

expropriation rêvée, les terres cultivées par le propriétaire personnellement et par les membres de sa famille. Bien que le but soit de se ménager les suffrages des petits propriétaires ruraux, on le colorerait peut-être d'un prétexte d'intérêt public. Conf. Karl Kautsky, *La politique agraire du parti socialiste*, p. 208, 210.

(1) Cauwès, *Cours d'Economie politique*, t. III, n° 958 p. 340 (Larose, éd. 1893.)

Toutefois nous exposerons que l'intérêt public justifie le droit de propriété individuelle, que cet intérêt public est une des raisons qui motivent ce droit ; mais nous savons que l'intérêt public n'est pas sa seule justification, que ce droit se base sur des motifs tirés du droit naturel. La propriété individuelle n'est donc pas à la merci d'une définition de l'intérêt public, mais trouve une protection effective dans les principes du droit qui régissent l'humanité.

Dans un autre système, on ne s'attache pas principalement à l'intérêt social ou à l'intérêt public de la propriété individuelle, on dit que la propriété n'est pas seulement individuelle, mais qu'elle est également sociale dans son principe.

D'après Mr Alfred Fouillée (1), tout produit étant l'œuvre commune de l'individu et de la société, la propriété théoriquement considérée, renferme à la fois une part individuelle et une part sociale, mais dans la pratique leur

----

(1) *La propriété sociale et la démocratie*, préface, et p. 12 et suiv. p. 25. (Hachette, éd. 1884.)

distribution, d'après la règle : *suum cuique,*
est une utopie qui a pour résultat l'injustice.
Le socialisme veut étendre le domaine de la
propriété sociale jusqu'à y absorber entièrement la propriété individuelle ; l'individua-
lisme exclusif au contraire, veut étendre la
propriété individuelle jusqu'à y absorber la
propriété sociale, Mr Fouillée cherche donc à
concilier ces deux systèmes opposés. D'après
cet auteur (1), le système individualiste de la
propriété privée, fondant celle-ci sur le libre
arbitre, sur la liberté humaine, sur le produit du travail et sur le capital, contient une
part de vérité. La propriété n'a donc pas seulement pour base l'utilité, l'intérêt public ou
la loi, elle a une base rationnelle. Mais on ne
peut en conclure que la propriété est exclusive
ment individuelle, car le travail ne crée pas
de rien quelque chose, l'homme produit la
forme et non le fond. Dans toute propriété
matérielle, il y a une matière fournie par la
nature. Cette part de la nature se confondrait

---

(1) Fouillée, *ut supra.* — Voir aussi : *Revue des Deux-
Mondes,* 15 août 1908, Fouillée, *La déclaration socialiste des
droits,* p. 807.

avec une troisième part, celle que l'humanité entière pourrait réclamer, la part sociale. On en conclut que toute propriété au point de vue philosophique, a en quelque sorte deux pôles : elle est en partie individuelle et en partie sociale (1).

Quelqu'ingénieux que soit ce système, d'une part il présente le grave danger d'ouvrir une porte aux tendances socialistes, en admettant que la société contribue à l'établissement de la propriété ; d'autre part il confond deux sortes d'idées: l'origine du droit de propriété, et les effets de ce droit; ou plutôt sous le mot : *propriété*, ce système semble confondre, comme on ne le fait que trop souvent, le droit lui-même et l'objet de ce droit.

D'abord, du moment où le droit de propriété individuelle dérive du droit naturel, c'est-à-dire est fondé sur le libre arbitre, sur la liberté humaine, ainsi que sur le travail, et non uniquement sur la loi ou sur l'intérêt public, comme on l'admet (2), il semble peu logique

---

(1) Fouillée, *La propriété sociale et la démocratie*, p. 24, 25.

(2) A. Fouillée, *La propriété sociale et la démocratie*, p. 12, 13 et suiv.

de fusionner, comme on le fait cependant, la part provenant de la nature avec la part sociale (1). En effet la loi, œuvre de la société, ne contribuant pas en droit pur, à l'établissement du droit de propriété, la part sociale dans l'établissement du droit ne saurait être admise. De plus, la matière première, le sol ou ses facultés productrices et naturelles, ne sont pas plus l'œuvre de la société que l'œuvre de l'homme (v. chap. III). Le droit supérieur, le droit primordial à la propriété, découlant du droit naturel, ne dépend pas, en théorie, de la société qui ne le crée pas ; c'est un droit inhérent à la nature humaine. Donc on ne peut pas dire à ce premier point de vue que le droit de propriété a un caractère social, parce qu'une partie est l'œuvre de la nature ; on ne pourrait le dire que si le droit lui-même était en partie l'œuvre de la société. Le droit *in abstracto* ne naît pas de la loi positive ou de faits sociaux, il existe antérieurement à toute loi, à tout acte de la société humaine.

---

(1) A. Fouillée, *id. Ibid.*, p. 25.

Ce n'est pas dans l'établissement du droit de propriété, mais dans la production de ses effets, ce n'est pas sur le droit lui-même, mais sur son objet que la société intervient. C'est-à-dire que la société ne fait que protéger, faciliter, accroître la jouissance d'un droit qui existe *in abstracto,* sans son concours. Que la société protège et encourage le droit de propriété foncière par ses lois et par ses règlements, ou même par le simple fait de son existence, ou même par le concours le plus implicite, tel que l'accroissement de la population (1), ou bien par des actes sociaux positifs, tels que la création de voies de communication, de canaux, de chemins de fer, etc, etc., l'exécution de grands travaux publics, ou par toutes autres mesures d'intérêt général, ou bien encore par les grandes découvertes de la science et les grandes inventions, dans tous les cas, c'est toujours la jouissance du droit de propriété, et non sa création, qui est en jeu. Dans son principe, le droit de propriété privée, n'est donc pas à la fois individuel et so-

---

(1) Paul Leroy-Beaulieu, t. Ier, p. 566.

cial, mais uniquement individuel, puisqu'il prend sa source dans le droit de l'individu à la liberté.

Mais de ce fait que la société contribue pour une part à la mise en valeur et à la production de la propriété privée de la terre, il faut conclure, non pas qu'elle a un droit égal ou supérieur à celui de l'homme sur la propriété de la terre, mais seulement que la société peut retirer certains avantages de cette propriété privée. Or le système de la propriété privée ou individuelle est de tous, celui qui est le plus profitable à la société. Ainsi on peut dire que le droit de propriété est individuel quant à son principe et à son origine, mais qu'il est à la fois, individuel et social, quant à ses effets ou résultats. Autrement dit, le droit lui-même est individuel ; l'objet de ce droit, l'immeuble, fonds de terre ou maison, la propriété dans le sens vulgaire du mot, est aussi individuelle, et ne peut être considérée comme sociale dans une certaine mesure qu'à raison de ses avantages sociaux, qu'à raison de l'intérêt public que la société trouve à sa conservation. Est-il besoin d'in-

sister sur l'importance de ce point? L'intérêt
général n'est-il pas que les propriétés rendent
leur maximum de production de toute nature ?
que, par exemple la terre donne de bonnes et
abondantes récoltes ? On ne saurait trop mettre en lumière ce dernier point, car il explique et justifie les traditions constantes de
l'humanité, et toutes les législations, tant
anciennes que modernes, qui proclament le
droit de propriété individuelle de la terre,
comme le plus avantageux pour la Société.

A un autre point de vue, on doit remarquer
que la propriété individuelle n'absorbe pas
complètement la propriété foncière. Il existe
en effet deux sortes de propriétés : l'une sociale qui répond aux besoins directs de la
société et qui est ce domaine, cette propriété
publique, admise dans tous les temps; l'autre,
la propriété privée ou individuelle du sol,
fondée sur le droit naturel, sur la liberté humaine, n'a pas en principe un caractère social, mais par son organisation, par son
existence seule, par ses produits qui profitent
en grande partie à la société, par l'intérêt que
l'humanité trouve à sa conservation, elle

concourt très efficacement à l'utilité sociale, à l'intérêt public du genre humain. Aussi, indépendamment du principe de droit naturel à sauvegarder, le caractère d'utilité sociale et d'intérêt public assure à la propriété privée la protection des lois. Cette protection se manifeste principalement dans l'expropriation pour cause d'utilité publique ; dans ce cas, il ne s'agit pas seulement de la protection d'un intérêt privé, comme on le croit trop communément, mais il faut concilier les graves prérogatives de l'utilité publique, avec le respect d'un droit qui concerne aussi, dans une large mesure, l'intérêt public.

En résumé, le principe du droit de propriété foncière individuelle est essentiellement individuel, du moment où il est fondé sur le droit naturel, sur la liberté, sur le travail et sur l'épargne, mais les effets, les produits sont en partie sociaux en ce qu'ils intéressent en tous cas la société entière. Ces résultats sociaux impriment à la propriété privée de la terre le sceau de l'intérêt public. Aussi allons-nous voir combien le droit de propriété privée de la terre est justifié par son incontestable utilité.

L'utilité de la propriété privée de la terre, au point de vue social, résulte à la fois de ce que son organisation donne les meilleurs résultats sociaux, et de ce qu'une partie importante de ses produits profite à la société.

Ce caractère éminemment social du droit de propriété privée ou individuelle de la terre ne semble guère contestable, et cependant on lui oppose le système de la propriété collective, sous le prétexte qu'il donnerait plus complète satisfaction aux intérêts de la collectivité.

Les quelques types de propriété collective ayant existé, ou existant encore à travers le monde sont loin de justifier de pareilles affirmations, et quoi qu'on en dise (1), la diversité de ces types atteste que la propriété collective a existé à titre d'institution locale, et qu'il ne s'agit pas des derniers vestiges d'une propriété collective originaire.

En réalité, la propriété collective (de tribu) a surtout régné à l'origine parmi les hom-

---

(1) Telle est la théorie qui ressort de l'ouvrage de M. de Laveleye sur : *La propriété et ses formes primitives.*

mes vivant presque à l'état sauvage, par exemple parmi les tribus de la Germanie. Ainsi que nous l'avons vu, on en trouve encore des traces actuellement chez les peuples nomades ou les peuples pasteurs, dont la plupart mènent une vie misérable et sauvage.

En dehors des peuples nomades, les quelques propriétés collectives que l'on cite, tels que les « allmenden » de la Suisse et de l'Allemagne méridionale (1), la « dessa » javanaise, le « mir » russe (2), sont loin de donner les résultats heureux que l'on prétend. . Non seulement leur exploitation ne constitue pas une amélioration dans l'intérêt de la société, un progrès économique quelconque, mais l'opposition des intérêts entre les membres de la collectivité a pour conséquences l'immuabilité des institutions, l'arrêt de tout progrès, comme aussi les inégalités entre les membres de la Communauté (3).

---

(1) De Laveleye, p. 119 et suiv. p. 154 et suiv., 166 et suiv.

(2) Voir notre exposé, *supra* : les auteurs cités.

(3) Paul Leroy-Beaulieu, t. Ier, p. 557 et suiv. p. 460.

De là, la pauvreté des résultats obtenus dans la plupart de ces propriétés collectives ; ainsi pour citer encore la plus célèbre, le « mir » russe : les produits des terres du mir étaient inférieurs en quantité et en qualité aux terres similaires appartenant à des particuliers dans la même région (1).

Même si l'on considère dans leur régime collectif interne les communautés de famille, la « Zadruga » bulgare par exemple, on voit que ces communautés ne peuvent, précisément

***

(1) Alexis Yermoloff, *La Russie agricole devant la crise agraire*, p. 80, 81, 175 (Hachette, éd. 1907). — L. Grandeau, *L'agriculture et les institutions agricoles du monde au commencement du XXᵉ siècle*, t. Iᵉʳ. (Paris, 1905.) — Paul Leroy-Beaulieu, t. Iᵉʳ, p. 557 et suiv. t. IV, p. 460 et suiv. *Le collectivisme, examen critique du nouveau socialisme*, p. 197.

Nous avons vu précédemment que sous le czar, en fait, l'institution du « Mir » déclinait et que les lots de terre tendaient à se perpétuer dans les mêmes mains; la suppression législative de la propriété collective du « Mir » et l'attribution des terres aux paysans du « Mir », à titre privatif, sont donc la consécration d'un état de fait qui s'imposait. C'est une réelle amélioration de la situation du paysan russe qui devient un homme libre, affranchi du servage de la terre, comme il l'avait été du servage du seigneur. — L'Etat de révolution dans lequel la Russie est plongée ne permet de parler qu'au point de vue historique.

à raison de leur caractère collectif, réaliser aucun progrès et qu'elles ne laissent à l'homme aucune liberté, ni même aucune initiative (1).

En résumé, aucune de ces propriétés collectives, même celles qui se rapprochent le plus de l'idéal rêvé par nos modernes réformateurs, ne donnent des résultats désirables et ne justifient les conceptions socialistes.

Non seulement le système de la propriété collective est voué à l'immobilité, à raison des divergences d'opinions et d'intérêts qui se produisent fatalement dans toute société humaine, ce qui écarte toute amélioration et tout progrès, non seulement le rendement des terres est ordinairement inférieur à celui des propriétés privées (2), mais la propriété collective n'établit pas l'égalité, elle ne procure même pas le bien-être à ceux qui en jouissent, et ne prévient même pas la pauvreté (3). Ces misérables résultats du système de la pro-

---

(1) C'est ce que reconnaît M. de Laveleye, p. 477, bien qu'il soit admirateur de ces communautés de famille.

(2) De Laveleye, p. 30.

(3) Paul Leroy-Beaulieu, t. IV, p. 460. — M. Block, *Les progrès de la science économique*, t. Ier, p. 358, 502.

priété collective, sont bien faits pour dégoû-
ter de ce système; aussi dès qu'une civilisation plus parfaite a rendu la chose possible,
voyons-nous la propriété privée du sol substituée à la propriété collective de la tribu
partout où celle-ci a existé. Tous les auteurs,
les socialistes comme les autres, s'accordent
à reconnaître cette substitution imposée par
les progrès de l'agriculture, par l'emploi des
capitaux des particuliers aux travaux de la
terre, par la nécessité d'augmenter le rendement du sol à raison de l'accroissement de la
population, par les exigences d'une civilisation plus intense. Toutes ces considérations
et beaucoup d'autres, au premier rang des-
quelles on doit mettre l'idée de justice qui
attribue à chacun le résultat de ses travaux et de ses impenses, toutes ces considérations expliquent que, non seulement dans les
temps anciens, mais aussi actuellement, la
propriété collective disparaît devant la propriété privée ou individuelle. L'intérêt public
l'exige.

Nous disons que l'utilité de la propriété privée de la terre se manifeste dans ce fait que

son organisation donne les meilleurs résultats sociaux. En effet, ainsi que le dit Bastiat, *c'est un merveilleux spectacle de voir l'intérêt personnel produire des effets sociaux.*

Cet intérêt personnel éclate tout d'abord dans ce fait indéniable que l'intérêt personnel est le plus énergique stimulant du travail. Il faut prendre l'individu tel qu'il est, et non pas tel que l'imagination pourrait le concevoir ; or en fait, il est certain que l'intérêt personnel est le plus puissant mobile de ses actions. Aussi voit-on avec quel acharnement, quel labeur prodigieux, l'homme se consacre, par exemple, à la culture de ses terres. On peut dire du cultivateur-propriétaire qu'il se donne en entier à sa terre (1). En récompense de ce labeur acharné, d'une manière générale, la terre rend tout ce qu'elle peut donner, non seulement dans la mesure de sa fécondité naturelle, mais aussi dans la mesure du travail, et aussi des ressources pécuniaires du cultivateur.

---

(1) Paul Leroy-Beaulieu, *Traité d'Economie politique*, t. II, p. 15 et suiv.

Ce que nous disons de la terre cultivée par le propriétaire lui-même, s'applique également à la terre cultivée par un fermier, colon partiaire ou métayer, et cela à raison des intérêts communs qu'ils ont avec le propriétaire, intérêts qui les unissent à ce point que le détenteur à titre précaire est sous certains rapports le coassocié du propriétaire. Ainsi en règle générale, leur intérêt personnel est le même au point de vue de la meilleure culture de la terre. Toutefois l'intérêt du propriétaire est le modérateur des abus de jouissance que le fermier pourrait commettre, en épuisant le sol (1). A cet égard, l'intérêt personnel du propriétaire étant de conserver à perpétuité les facultés productrices du sol, cet intérêt se confond avec l'intérêt général de la société.

On a prétendu que la propriété privée est inutile puisqu'on voit prospérer les fermiers. Cette allégation est erronée pour bien des

_____

(1) Paul Leroy-Beaulieu, t. Iᵉʳ, p. 585 et suiv. t. II, p. 25, 26. — C'est donc bien à tort que Benoît Malon, *Le socialisme intégral*, t. Iᵉʳ, p. 274, prétend que l'appropriation individuelle du sol et le fermage tendent à épuiser la terre. La dualité de ces droits produit un effet contraire.

motifs, surtout par cette raison de simple bon
sens qu'un fermier suppose un propriétaire
qui défriche, construit, et d'une manière générale fait toutes les dépenses qui incombent
au capital fixe et que le fermier ne pourrait
faire, tant à raison de leur importance que
de ce fait que ces dépenses impliquent la per-
manence et la perpétuité du droit. Là encore
l'intérêt du propriétaire est bien conforme à
l'intérêt social.

Certains pensent qu'au moyen de baux de
longue durée, tel que le bail à complant ou à
domaine congéable, ou encore au moyen de
baux de très longue durée telle que l'emphy-
téose, ou même au moyen de baux héréditai-
res, on concilierait toutes les opinions. M. de
Laveleye définit ainsi le bail héréditaire :
Comme dans le système féodal, la pleine propriété est pour ainsi dire scindée en deux
droits distincts, le droit du propriétaire, qui
n'est au fond qu'une sorte de créance hypo-
thécaire, et le droit du tenancier, qui est
comme un usufruit héréditaire (1).

―――――――――

(1) De Laveleye, p. 517 et suiv.

En ce qui concerne les baux de longue durée (tels que le bail à complant ou à domaine congéable, ou toutes autres locations 'concédées à longues échéances), toutes les mêmes objections faites aux baux ordinaires s'appliquent à ces modes de tenure : abus de la culture forcée et épuisement systématique des terres, surtout à l'approche du terme du bail ; ou inversement négligence de l'entretien du fonds ; en tout temps abstention des plantations ne rapportant qu'à longue échéance, des travaux, améliorations et reconstitutions même indispensables, du moment où ces travaux sont coûteux (1).

D'une manière générale, le système des concessions de longue durée n'a jamais donné

---

(1) C'est ce qui s'est produit notamment pour le bail à complant lors de la destruction des vignes par le phylloxéra, les complantaires se sont refusé à reconstituer les vignes détruites. — (Voir F. Sanlaville, *Le phylloxéra en droit administratif et en droit civil*, p. 36 et suiv. Berger-Levrault, éd. 1896.) Sans avoir à prendre partie sur la question de droit, c'est un fait intéressant à constater, puisqu'il établit l'impuissance du cultivateur, même à très longs baux, s'il n'a pas le concours financier du propriétaire.

les bons résultats espérés. Toutes les fois
qu'on a essayé de les substituer au droit absolu de propriété privée, toutes les fois que
l'on a limité l'exercice du droit de propriété
privée, limité la simple jouissance de la terre,
qu'on a mis des entraves au libre exercice du
droit, les produits de la terre ont décliné.

Quelles que soient la nature et l'importance
des propriétés foncières, elles ont toutes plus
ou moins, un caractère d'utilité sociale incontestable : car leur prospérité plus ou moins
grande, leurs produits plus ou moins importants intéressent non pas seulement le propriétaire, mais l'ensemble de la population,
même la France entière. Il est évident, en effet que c'est la totalité des propriétés individuelles qui fournit par exemple le stock de
blé nécessaire à l'alimentation de la nation.

En doctrine, on divise les propriétés rurales
en trois catégories : 1° les grandes propriétés
ayant plus de 50 hectares, 2° les propriétés
moyennes ayant 50 hectares au plus, 3° enfin
les petites propriétés, c'est-à-dire celles que le
propriétaire seul ou avec l'aide de sa famille

peut cultiver (1). Division évidemment très arbitraire et souvent inexacte, car l'importance de la propriété peut varier beaucoup d'une région à l'autre, d'après le mode d'exploitation, d'après la nature de la culture et d'après une foule de modalités différentes. Ainsi dans tel département, une exploitation de 50 hectares (au Pays de Caux) peut être considérée comme moyenne, alors que dans un autre département (Rhône) une propriété de 50 hectares serait considérée comme grande, ainsi un domaine de vignobles en Beaujolais. En acceptant comme exacte cette division admise généralement, on peut dire que les grandes et moyennes propriétés appartiennent à des capitalistes et rentrent ainsi dans celles qui sont principalement visées par les socialistes.

Au point de vue des progrès et des améliorations de la culture, la supériorité de la propriété privée sur la propriété collective s'af-

---

(1) Ou encore les propriétés d'un hectare au plus. Il y a quelques années, on estimait que 5 millions de propriétaires cultivaient eux-mêmes de petits domaines de moins de trois hectares.

firme par les statisques (1). Ainsi est prouvée la vérité de la constatation faite par Aristote : ce qui appartient à beaucoup est le moins soigné. Les théories du socialisme sont essentiellement dissolvantes : l'individu se désintéresse de son travail, puisqu'il n'en a qu'une jouissance indirecte et incertaine, il se détache d'une terre sur laquelle il n'a qu'un droit précaire ou indéterminé.

Donc toutes ces théories socialistes ont pour effet certain de diminuer ou de détruire l'énergie du travailleur. Cette énergie se manifeste au contraire avec une force incomparable quand l'homme l'applique à son bien, il travaille alors énormément, ne serait-ce que pour conquérir de quoi vivre plus tard dans le repos, ou amasser pour ses vieux jours.

Mais c'est surtout la grande et la moyenne propriété qui présentent les meilleures conditions pour utiliser toutes les forces de la nature, pour mettre la terre en valeur et par suite pour mieux servir les intérêts généraux du pays, en augmentant la production du sol.

______

(1) Ainsi les statistiques en Russie. V. *supra* p. 218.

C'est là surtout que l'on voit l'utilité sociale
de la propriété individuelle capitaliste. Grâce
à ses capitaux, le propriétaire d'un domaine
rural ou industriel peut apporter à l'exploitation, des perfectionnements, un matériel et
des machines qui profitent non seulement à
lui-même mais aussi au pays.

Paul Leroy-Beaulieu le démontre d'une manière irréfutable, en s'appuyant sur des faits
certains : « l'avantage par excellence de la
« grande propriété moderne, c'est sa supé-
« riorité scientifique et intellectuelle ; c'est la
« qualité qui la rend indispensable à la bonne
« économie et au progrès d'une nation. Cette
« supériorité intellectuelle et scientifique des
« grands propriétaires modernes est le pivot
« de tous les progrès de l'agriculture. Elle l'a
« été dans le passé, elle l'est beaucoup plus
« encore dans le présent, et chaque jour son
« rôle s'élargira. » (1)

Nous avons vu le rôle important du propriétaire capitaliste dans la reconstitution des
vignobles détruits par le phylloxera. Là le

---

(1) *Traité d'économie politique*, t. II, p. 7.

rôle social du propriétaire s'est manifesté de la manière la plus éclatante, comme dans toutes les grandes catastrophes. En toutes circonstances « les intérêts de la propriété agri-« cole s'identifient avec les intérêts généraux du pays. » Comme le Play le constatait exactement (1).

En résumé, l'utilité sociale de la grande et de la moyenne propriété rurale n'est pas sérieusement contestable.

Mais l'utilité sociale de la petite propriété est niée par les socialistes des diverses écoles qui prophétisent sa ruine. D'après eux, la petite propriété est vouée à la routine, elle est un obstacle à l'évolution sociale qui se produira dans la Cité future (2) : *elle doit disparaître*. Karl Marx dans son Manifeste (p. 34) dit : « La petite propriété fruit du travail d'un

---

(1) *La Réforme sociale*, chap. XXIV (extraits). *Economie sociale*, p. 58. (Guillaumin, éd.)

(2) Benoît Malon, *Le Socialisme intégral*, t. Ier, p. 278 et suiv. — Karl Kautsky, *La politique agraire du parti socialiste*, p. 202, 204, 207, 210. — *La Revue socialiste*, janvier 1909, p. 84, 85. — Emile Vandervelde, *Le socialisme agraire*, novembre 1909, p. 1027 et suiv. — Tarbouriech, *La propagande agraire du parti socialiste*.

« homme! Veut-on parler de la propriété du
« petit bourgeois, du petit paysan... ? Nous
« n'avons que faire de l'abolir. Le progrès de
« l'industrie l'a abolie ou est en train de l'a-
« bolir... » Or dans cette prophétie le grand
Thaumaturge du socialisme s'est trompé lour-
dement, et à sa suite J. Jaurès qui prétendait
que la petite propriété était une légende.

Bien loin de diminuer, la petite propriété et
la petite culture sont plus nombreuses que jamais et sont en progrès. Des enquêtes officiel-
les constatent leurs excellents résultats. Nous
y relevons ces intéressantes constatations :
« Nous apprenons, sans qu'aucun doute puisse
« s'élever, que le nombre des petits proprié-
« taires est en augmentation dans 42 départe-
« tements, que la petite propriété s'est accrue
« en étendue totale dans 52 départements et
« que la petite exploitation est supérieure à
« la grande dans 27 départements au point de
« vue des moyens de production, et dans
« 47 départements au point de vue des résul-
« tats économiques obtenus. » (1)

____

(1) *Rev. gén. d'Administration*, novembre 1909, p. 372 et

Le grief adressé à la petite propriété de ne pas avoir d'utilité sociale, parce qu'étant routinière elle est moins productive que la grande propriété, ce grief est mal fondé, au moins en grande partie.

En effet, les causes d'infériorité de la petite propriété sont largement compensées par ce fait que le petit propriétaire cultive plus à fond, travaille avec une énergie sans pareille pour faire rendre à sa terre le plus possible ; rien ne s'y perd, la surveillance de l'œil du maître (1) y est plus facile.

« ... La terre a pour l'homme qui la possède
« un attrait singulièrement vif : elle devient
« l'objet de toutes ses pensées, de tous ses
« soins, de toute sa tendresse. Michelet a dit
« que la terre est pour le paysan propriétaire,

---

suiv. — *La petite propriété rurale en France.* Enquêtes monographiques, 1908-1909. Publication du Ministère de l'agriculture. (Berger-Levrault, éd.) — Voir aussi : Yves Guyot, *Sophismes socialistes*, p. 146. — Elysée Reclus, *Nouvelle Géographie, la France*, p. 851.

(1) Mais quoi ! l'homme aux cent yeux n'a pas fait sa revue

Je crains fort pour toi sa venue.

LA FONTAINE. *L'œil du Maître.*

« une maîtresse qu'il ne se lasse de caresser,
« d'orner, de parer, à laquelle il rend un culte.
« Le petit propriétaire ne mesure pas le temps
« qu'il consacre à son domaine ; il y affecte
« avec plaisir des heures supplémentaires.
« C'est comme une mère qui soigne son en-
« fant. » (1)

C'est dans la petite propriété que se manifeste de la manière la plus énergique ce puissant stimulant de l'intérêt personnel que les
socialistes regrettent eux-mêmes de ne pouvoir
introduire dans leurs systèmes (2). Cet incomparable stimulant naît du sentiment naturel de la propriété si puissant dans l'homme.
De là les miracles de la petite propriété qui,
suivant Arthur Yung, transforme des rochers
parfois en champs et en jardins. On peut même dire que la terre n'a une valeur vraiment

---

(1) Paul Leroy-Beaulieu, *Economie politique*, t. II, p. 2
et 3. — Voir aussi Maurice Block, *Le progrès de la science
économique*, t. Iᵉʳ, p. 503.

(2) Schæffle, *Quintessence*, p. 51 et suiv. reconnaît la
toute-puissance de l'intérêt personnel pour accomplir au
mieux la production sociale. Il considère que cette question est décisive et que c'est d'elle que dépendra le triomphe ou la défaite du socialisme.

lucrative que lorsqu'elle est cultivée par celui
qui la possède (1). N'est-ce pas le cas de re-
dire avec Bastiat, c'est un merveilleux spectacle de voir l'intérêt personnel produire des
effets sociaux.

Enfin l'utilité sociale de la petite propriété
semble bien incontestable en tous lieux, surtout dans la banlieue des villes, ainsi lorsqu'elle y est affectée aux cultures maraîchè-
res, aux jardins, vergers, vignes, etc.

Bien que les socialistes prédisent et espé-
rent la suppression et la ruine de la petite propriété paysanne, cependant (avec leur manque de logique coutumière et uniquement dans
un but politique pour s'attirer la clientèle des
petits propriétaires), reconnaissant que la principale difficulté de leur propagande auprès
des paysans propriétaires est leur attachement
fanatique à leur propriété... (2), ils prétendent

------

(1) Elysée Reclus (*ut supra*, p. 857) en conclut que lorsque le paysan propriétaire s'est « arrondi » suffisamment,
il arrête ses achats de terre ne voulant pas s'obérer d'un
ouvrier dont il aurait à payer le travail.

(2) *Revue socialiste*, (fondée par Benoît Malon), dir. Eug.
Fournière, novembre 1909, p. 1025.

qu'ils n'ont pas l'intention de socialiser les petites propriétés.

Pour rassurer le petit propriétaire, on lui affirme avec aplomb : « Cette expropriation « serait un vol, ce qui est le plus contraire à « ce que poursuit le parti socialiste ; » (sic) et on ajoute : « Nous donnerions au Socialisme « figure de voleur si nous le présentions ou le « laissions présenter comme voulant mettre « la main, même la main de la collectivité, « de l'humanité sur une propriété qui est « cultivée, qui est travaillée par celui qui la « possède... (1) »

Ces scrupules sont au moins curieux dans la bouche de J. Guesde qui ne regarde pas à confisquer le bien d'autrui sans payer d'indemnité (2).

Ainsi pour les socialistes, la petite propriété devrait être respectée du moment où elle est exploitée par le propriétaire lui-même, le travail légitimerait le droit. Or nous savons que

----

(1) *Revue socialiste*, précitée, novembre 1909. p. 1026, J. Guesde.

(2) *Essai de catéchisme socialiste, passim. — Collectivisme et Révolution.*

la plupart des socialistes modernes disent : la terre n'étant l'œuvre de personne ne peut appartenir individuellement à personne. Comment concilier en logique ce principe socialiste avec le maintien de la petite propriété, uniquement parce qu'elle serait le produit du travail du propriétaire ? Inconséquent et illogique est ce système socialiste, hypocrite également puisque les mêmes socialistes qui déclarent respecter la petite propriété paysanne disent en même temps qu'elle doit disparaître, comme n'ayant pas d'utilité sociale. (1)

Pour nous, toutes ces contradictions sont la condamnation de tous ces systèmes socialistes et la preuve de leur impuissance. Pour nous, la propriété qu'elle soit grande ou petite, travaillée ou non par le propriétaire luimême, est justifiée par des raisons identiques et est également respectable. La confiscation qui frapperait la petite comme la grande propriété serait toujours et en tous cas un

---

(1) *Revue socialiste*, novembre 1909, p. 1027. — janvier 1909, p. 82 *Le socialisme agraire*, Vandervelde.

véritable vol, et la loyauté populaire ne s'y tromperait pas.

Les socialistes comprennent très bien que leur projet d'expropriation, ou plutôt de confiscation, se heurterait à une invincible résistance dans les campagnes, c'est pour cela qu'ils dissimulent leurs projets. « Le paysan qui a l'amour de son petit jardin, et même de son pré, de sa vache, de sa maisonnette, de ses poules, sera-t-il heureux et satisfait si on lui retire les éléments de son modeste bonheur ? » (1)

D'autre part à l'avènement du Socialisme collectiviste, le petit propriétaire ne peut s'attendre à pouvoir agrandir son bien au détriment du grand domaine voisin. Les socialistes collectivistes déclarent tous en effet ne pas vouloir pratiquer de partages périodiques des terres, mais vouloir socialiser les terres, non au profit des individus, mais uniquement dans l'intérêt de la collectivité.

En résumé l'utilité sociale de la petite pro-

---

(1) George Sand, *Lettres à Poncy* du 1ᵉʳ août 1848, *Revue des Deux-Mondes*, du 15 août 1909, p. 913.

priété n'est pas inférieure aux services que
rendent la grande et la moyenne propriété,
cette utilité se manifeste également au point
de vue de la conservation de la famille. L'intérêt commun de la famille est de rester unie
dans le travail, au moins jusqu'au mariage ou
à l'établissement des fils et des filles. On voit
donc toute la portée morale de la petite propriété qui encourage la création de la famille
et par suite la repopulation, et constitue un
lien puissant entre tous ses membres, c'est la
famille-souche (1).

(1) Le Play, *L'agriculture par la famille-souche, Economie
sociale,* p. 69 et suiv. (Guillaumin, éd.) — Paul Leroy-Beaulieu, *Economie politique,* t. II, p. 4.

CONCLUSION

En résumé, il n'est pas vrai, comme le prétend Schaeffle dans sa quintescence du Socialisme, (pages 87 et 192), il n'est pas vrai que le socialisme ou collectivisme maintiendrait le droit de propriété privée. Cette affirmation de Schaeffle est une pure mystification ; car d'une part, posant comme principe que tous les moyens de production, et en premier lieu la terre et les capitaux ne peuvent être propriété privée, mais uniquement propriété collective, il exclut par là même tous les biens les plus considérables.

D'autre part, ces collectivistes admettent la propriété des moyens de consommation. Mais combien éphémère est cette propriété, qui ne porte, de l'aveu même de Schaeffle et de ses adeptes, que sur les biens de minime valeur (1).

(1) *Quintessence*, p. 92, 93.

Ainsi les collectivistes de cette école, veulent bien me concéder la propriété de la chemise que j'ai sur le dos, du morceau de pain que j'ai dans la main, ils veulent bien même traiter d'imbéciles ou de fous, les socialistes qui condamneraient cette propriété privée (1). Et les autres collectivistes qui prétendent que je ne peux être propriétaire que des objets produits par mon travail, ne diront-ils pas que ma chemise et mon pain n'ayant pas été faits par moi, je n'en suis pas propriétaire? ou que j'en ai seulement la jouissance?

Nous ne cherchons pas à concilier les absurdités, conséquences et inconséquences de toutes ces doctrines socialistes, qui seraient fort risibles, si elles ne contenaient pas en germe de redoutables menaces de guerre civile, de Révolutions sanglantes, de catastrophes sociales menaçant le genre humain tout entier. Nous disons donc aux hommes de bon sens: ne soyez pas les dupes de ridicules sophismes ou d'absurdes rhétoriques ; mais reléguez parmi les fables de l'antiquité, ces

____

(1) *Quintessence*, p. 89.

promesses de Cité future et de Paradis socialiste qu'on fait briller à vos yeux. Ne vous
laissez pas prendre par de captieux discours,
ne croyez qu'à la raison et à la justice.

Le Socialisme, en prétendant substituer à
la propriété de la terre, la propriété collective, émet une prétention que condamnent à
la fois la raison, le bon sens, l'histoire, l'é-
quité, et l'intérêt social lui-même.

La propriété privée est de droit naturel:
c'est une émanation, un prolongement de la
personnalité humaine ; c'est le corollaire nécessaire du droit à la liberté.

En réalité, la possession de la terre est essentiellement individuelle: en fait, là où je
cultive, là où je plante, là où je construis, nul
autre que moi ne peut, en fait, cultiver, planter, construire en même temps que moi sur
ce même point ; le bon sens suffit à le démontrer. La propriété collective n'existe que là
où on ne peut faire autrement.

La prise de possession, l'occupation de la
terre exempte de vices est conforme au caractère d'individualité de la possession de la
terre ; cette prise de possession fonde donc
16

légitimement le droit de propriété, et cela est d'évidence lorsqu'elle est corroborée par le travail. Taxer la propriété de vol est donc une de ces absurdités que les collectivistes cherchent à dissimuler par des périphrases habiles. Ce droit du premier occupant, en tout conforme au bon sens populaire, ne peut être sérieusement contesté. Si nous appliquons notre raisonnement au territoire national, il paraît d'autant plus incontestable.

En effet, la propriété nationale du territoire ne se fonde aussi que sur le droit du premier occupant et sur le travail successif des générations. « Si la propriété individuelle, « dit Paul Leroy-Beaulieu, n'a aucune valeur, « si le droit du premier occupant, le travail « continu des générations sur un même sol « n'ont pu créer un titre légitime d'appro- « priation, de quel droit la France et l'Italie, « au détriment des Poméraniens, des Cosaques « détiendraient-elles des pays naturellement « fertiles et d'une facile culture ? » (1)

____

(1) *Le Collectivisme*, p. 89.

En bonne logique, on voit donc que le socialiste qui nie le droit du premier occupant de la terre, doit nier également le droit de la nation sur le sol de la Patrie.

Comprenant sans doute l'absurdité de leur doctrine, et de ses conséquences logiques, certains socialistes émettent comme correctif la légitimité des nationalités : ainsi les Polonais ou les Arméniens sont fondés à faire valoir leurs droits à une vie nationale, mais sous la réserve de se conformer au régime socialiste et à l'exclusion de tout gouvernement bourgeois. Concession illusoire en vérité, car le caractère bourgeois ou non ne fait rien au droit à une vie nationale; et d'autre part, on ne voit pas que le sentiment national soit séparé en fait de l'existence d'un territoire national.

Donc logiquement tout socialiste niant le droit de propriété individuelle doit nier en même temps l'idée de patrie.

De cela, il résulte que les socialistes, quelle que soit leur dénomination, les collectivistes notamment, ne peuvent être patriotes. Sans doute, certains mus par des sentiments qui les honorent, (lorsqu'ils n'ont pas été mus par un intérêt politique), ont fait preuve de patriotisme pendant la guerre, mais de ceux-là, on peut dire qu'ils sont sortis du socialisme. Quant à ceux qui, au contraire, ont déclaré ignorer ce que c'est que le patriotisme, qui n'ont pas craint de tendre la main à nos ennemis, même en pleine guerre, ceux-là sont ancrés dans la logique de leur odieuse doctrine.

La négation de la propriété entraînant la négation de la Patrie est donc en tous points condamnable.

Ainsi le socialisme a pour conséquence l'internationalisme. C'est ce que Karl Marx proclamait comme étant la fraternité entre les nations, mais était en réalité une forme du pangermanisme : fraternité entre les nations, mais pas fraternité entre les citoyens d'une même nation. Le socialisme, au contraire, a pour principe d'exciter la haine des citoyens les uns contre les autres, c'est-à-dire du prolétaire contre celui qui possède ; il prêche la lutte des classes, autrement dit la guerre ci-

vile. Les socialistes doctrinaires préconisent en effet la violence comme le moyen d'obtenir le triomphe du Socialisme. C'est ainsi que Georges Sorel a écrit dans ses *Réflexions sur la violence*, un véritable panégyrique de la guerre civile, des moyens les plus révolutionnaires. « Je n'ai jamais eu, dit-il, pour la
« haine créatrice, l'admiration que lui a vouée
« Jaurès; je ne ressens pas pour les guilloti-
« neurs (de l'époque de la Terreur, de 1793)
« les mêmes indulgences que lui; j'ai l'hor-
« reur de toutes menaces qui frappent les
« vaincus sous un déguisement judiciaire. La
« guerre faite au grand jour, sans aucune at-
« ténuation hypocrite, en vue de la ruine
« d'un ennemi irréconciliable, exclut toutes
« les abominations qui ont déshonoré la Ré-
« volution bourgeoise du xviiie siècle » (1).

Pour G. Sorel, les grèves et les syndicats forment une armée révolutionnaire qui doit combattre ouvertement. Sans doute à ses yeux, la guerre des barricades, ou mieux la

---

(1) *Réflexions sur la violence*, p. 433. (3e édition, Marcel Rivière, éd.)

Commune de Paris de 1871, réalise bien son idéal de guerre civile, d'où doit sortir le Socialisme vainqueur. (C'est le triomphe de la thèse catastrophique). Il a même une indulgence très grande pour les prolétaires, car il dit : « La violence prolétarienne, exercée comme une manifestation pure et simple du sentiment de lutte de classes, apparaît ainsi comme une chose très belle et très héroïque : elle est au service des intérêts primordiaux de la civilisation... » (1)

Ce qui ressort de cette apologie de la violence, de la guerre civile, lutte fratricide qui arme le fils contre le père, le frère contre le frère, c'est que de pareils moyens, bien loin de servir la civilisation et de sauver le monde de la barbarie, comme ne craint pas d'écrire G. Sorel, sont au contraire un retour à la barbarie des premiers âges de l'humanité où la force primait le droit. On reste confondu devant de pareilles aberrations qui jettent un

---

(1) *Réflexions sur la violence*, p. 130. Il serait curieux de connaître l'opinion de M. G. Sorel sur la *Révolution russe*.

défi au bon sens, et renient tant de siècles de civilisation.

En vain, certains prétendent que le triomphe du Socialisme pourrait être obtenu par une législation progressive, par un lent *processus* qui exproprierait les propriétaires de leurs biens par des moyens subreptices. Il est bien peu admissible que la classe possédante soit assez dépourvue de sens commun pour se laisser dépouiller ainsi (comme le guillotiné par persuasion). Viendra un jour où menacés, petits et grands propriétaires, se défendront contre l'usurpation et la violence. Comment évitera-t-on alors la lutte des classes ? N'est-ce pas la lutte fatale, inévitable ?

Le Socialisme ne peut fonder la paix sociale, quoi qu'on dise. Aristote le constatait déjà de son temps : Nous voyons, disait-il, les possesseurs de biens communs avoir plus souvent des procès entre eux que n'en ont les propriétaires de biens séparés On voit que toutes les relations entre les gens ayant quelque chose en commun sont fort difficiles. — De nos jours, aucun homme de loi ne pourrait penser autrement. Car on sait que les procès les plus fréquents se produisent à propos des choses communes, ne serait-ce qu'un mur mitoyen. Donc si dans les plus petites communautés d'intérêts, on ne voit pas régner l'harmonie, comment pourrait-elle régner dans l'Etat communiste ou collectiviste? N'est-il pas plus logique d'accuser la nature humaine des inégalités sociales que d'en accuser la propriété privée ?

D'ailleurs, l'humanité enfermée dans la geôle socialiste, serait privée de toute liberté et de toute égalité. Est-il besoin de rappeler que tous les grands prophètes du socialisme (quelle que soit son épithète), édictent qu'en régime socialiste, le travail sera forcé, sous la direction et le contrôle d'une armée de fonctionnaires (les omniarques): chaque être humain n'ayant droit à la vie qu'à proportion du travail effectué, et devant son travail à la Société: l'ouvrier n'aura plus le choix du patron, car l'Etat sera le seul patron, le seul propriétaire. Ce sont les travaux forcés appliqués à l'humanité entière.

Pour terminer cette étude et résumer les

terribles menaces que le socialisme fait peser
sur l'humanité, nous ne pouvons résister au
plaisir de citer une page d'un auteur qu'on ne
peut cependant suspecter d'hostilité vis-à-vis
du socialisme. Voici en effet ce qu'écrivait
Proudhon; nous reproduisons son texte d'a-
près le Docteur Le Bon (1) :

« La Révolution sociale ne pourrait aboutir,
« écrivait Proudhon, qu'à un immense cata-
« clysme, dont l'effet immédiat serait de sté-
« riliser la terre, d'enfermer la société dans
« une camisole de force ; et s'il était possible
« qu'un pareil état de choses se prolongeât
« seulement quelques semaines, de faire périr
« par une famine inopinée, trois ou quatre mil-
« lions d'hommes. Quand le gouvernement
« sera sans ressources ; quand le pays sera
« sans production et sans commerce ; quand
« Paris affamé, bloqué par les départements,
« ne payant plus, n'expédiant plus, restera
« sans arrivages ; quand les ouvriers, démo-
« ralisés par la politique des clubs et le chô-

----

(1) *Psychologie du Socialisme*, p. 461.

« mage des ateliers, chercheront à vivre n'im-
« porte comment ; quand l'Etat requerra l'ar-
« genterie et les bijoux des citoyens pour les
« envoyer à la Monnaie, quand les perquisi-
« tions domiciliaires seront l'unique mode de
« recouvrement des contributions ; quand la
« première gerbe aura été pillée, la première
« maison forcée, la première église profanée,
« la première torche allumée, quand le pre-
« mier sang aura été répandu, quand la pre-
« mière tête sera tombée, quand l'abomina-
« tion de la désolation sera par toute la
« France, alors vous saurez ce que c'est qu'une
« révolution sociale. Une multitude déchaînée,
« armée, ivre de vengeance et de fureur, des
« piques, des haches, des sabres nus, des cou-
« perets et des marteaux ; la cité morne et
« silencieuse ; la police au foyer des familles ;
« les opinions suspectées, les paroles écoutées,
« les larmes observées, les soupirs comptés, le
« silence épié, l'espionnage et les dénoncia-
« tions, les réquisitions inexorables, les em-
« prunts forcés et progressifs, le papier mon-
« naie déprécié ; la guerre à l'étranger sur la
« frontière, les proconsulats impitoyables, le

« comité de salut public, un comité suprême
« au cœur d'airain, voilà les fruits de la révo-
« lution dite démocratique et sociale. Je répu-
« die de toutes mes forces le socialisme im-
« puissant, immoral, propre seulement à faire
« des dupes. »

Ce passage de Proudhon semble vraiment
prophétique, si on le rapproche et le compare
aux événements qui se passent en Russie.
Fasse le ciel qu'une pareille prophétie ne se
réalise jamais en France! et cependant certains signes inquiétants, tels que les grèves
trop fréquentes, les agissements des syndicats
politiques, et autres menaces constituent des
avertissements qu'on ne saurait négliger. Mais
pour être en garde contre de si grands dangers, nous avons cru utile de faire comprendre ce qu'est la doctrine socialiste. Beaucoup
de Français l'ignorent.

En résumé, le socialisme, quel qu'il soit, en
doctrine pure et dégagé des adultérations de
la politique, pose comme principes absolus : la
négation du patriotisme, c'est-à-dire, d'un des
plus beaux sentiments dont puisse s'honorer

l'âme humaine, la négation de toute fraternité entre les citoyens d'une même patrie, la négation de toute égalité, si ce n'est celle de la médiocrité, la négation de toute liberté, et enfin la négation du droit de propriété individuelle, et de l'idée de justice.

Ce droit de propriété qui est véritablement inné dans l'âme humaine, ce droit naturel qui est caractérisé même chez le sauvage, par l'idée *du mien et du tien*, est un des sentiments les plus profonds de la nature humaine ; il se manifeste de la façon la plus éclatante chez le petit propriétaire.

En effet, de tous les rêves que l'homme conçoit, si modeste que soit sa condition, si chétive que soit sa personnalité, le rêve qui lui tient le plus à cœur, c'est de se constituer un foyer qui soit bien à lui, c'est de posséder une maison qui, non seulement soit sa demeure actuelle, mais aussi bien lui serve d'abri pour ses vieux jours. Combien d'hommes ne se disent-ils pas avec le philosophe :
« Sur le penchant de quelque colline bien
« ombragée, j'aurais une maison rustique,
« une maison blanche avec des contrevents

« verts... » (1). Le rêve, c'est encore d'avoir un champ, un coin de terre dont il soit propriétaire, et sur lequel il pourra concentrer toute son énergie au travail, toute sa volonté de bien faire et d'acquérir une aisance suffisante pour lui et les siens.

C'est bien là le sentiment le plus naturel, c'est bien là le droit naturel, absolu, exclusif, complément de la personnalité humaine, garantie la plus sûre de la liberté.

Ce sentiment est si respectable, que les socialistes eux-mêmes n'osent y toucher franchement. Mais, avec une duplicité qui ne peut être mise en doute, ils disent entre eux dans leurs congrès, dans leurs écrits, emportés par la logique de leur système : la propriété individuelle agraire doit inévitablement disparaître, *la petite, comme la grande propriété*, et cela comme conséquence inévitable de l'évolution sociale (2), conséquence logique : leur

---

(1) J.-J. Rousseau, *Emile.*

(2) Karl Marx, *Manifeste.* — *La Revue socialiste*, (fondée par Benoît Malon). Dir. Eug. Fournière, novembre 1909, p. 1027, Vaillant, p. 1029 ; janvier 1909, p. 84, 87, Vander-

système ayant pour principe la suppression de toute propriété.

Mais, dans un but politique évident, les socialistes masquent ces projets si dangereux : pour rassurer et s'attirer les petits propriétaires, ils leur disent que le Socialisme vis-à-vis d'eux, ne veut pas faire figure de voleur ; et dans ce but (bien peu logiques avec eux-mêmes), les socialistes proclament : la petite propriété que travaille le propriétaire lui-même est le fruit de son travail, et elle sera respectée. (1)

Que tous les propriétaires grands ou petits, cultivateurs ou non, comprennent donc bien qu'en réalité, le socialisme veut, non pas (comme certains pourraient le croire) agrandir la petite propriété au détriment de la grande propriété voisine, mais en réalité veut s'emparer de leurs biens, les socialiser sans payer leur valeur. Tel est le dernier mot de tout so-

---

velde, Karl Kautsky, *La politique agraire du parti socialiste,* p. 33 et suiv.

(1) *La Revue socialiste,* 1909, *ut supra.* — Karl Marx, *Manifeste.* — Karl Kautsky, *id. ibid.,* p. 202 et 203.

cialisme, et ce n'est pas en le dissimulant qu'on le fait disparaître.

Ce dont le petit propriétaire doit être intimement convaincu, c'est que le socialisme menace autant son coin de terre que les plus grands domaines, que son intérêt est, non pas d'envier le grand propriétaire voisin, mais de se solidariser complétement avec lui pour combattre le socialisme sous toutes ses formes : le Socialisme étant la négation de son droit de propriété.

Eh bien, cette menace, c'est aux propriétaires eux-mêmes à l'écarter à jamais, en se donnant la peine de combattre le Socialisme. Donc propriétaires, unissez-vous.

A la différence du socialisme, la doctrine de la propriété privée, respectée et encouragée, est une doctrine de paix sociale, de liberté, et de richesse sociale dont tous profitent. C'est le cas de rappeler que c'est un grand spectacle de considérer les hommes ayant souvent des intérêts contraires, forcés néanmoins de s'entr'aider et concourant ainsi à l'intérêt général (1).

---

(1) Conf. Vauvenargues, *Réflexions et Maximes*.

On peut dire que ce miracle est produit surtout par la propriété de la terre qui moralise et améliore l'âme humaine : aussi doit-on approuver le législateur lorsqu'il cherche à rendre plus facile l'accession à la propriété de la terre. (1)

Quelle que soit l'importance des immeubles auxquels il s'applique, qu'il s'agisse de grands domaines ou de petites cultures, le droit de propriété individuelle est inviolable et sacré : il est un des premiers droits de l'homme, le gage le plus certain de la Liberté, de la Civilisation et de la Paix sociale.

---

(1) Ainsi la loi sur le bien de famille insaisissable du 12 juillet 1909 (ou *Homstead*). Malheureusement les multiples formalités de cette loi en rendent l'application trop difficile. Voir aussi la loi du 31 octobre 1919, autorisant les communes à acquérir des immeubles en vue de faciliter l'accession à la propriété.

FIN

TABLE DES MATIÈRES

LIVRE TROISIÈME

Légitimité du droit de propriété individuelle

Imprimerie Générale de Châtillon-s-Seine. — Euvrard-Pichat.